Thomas Weißenborn

CHRISTSEIN IN DER KONSUMGESELLSCHAFT

Thomas Weißenborn

Christsein in der Konsumgesellschaft

Nachdenken über eine alltägliche Herausforderung

francke

Über den Autor:
Dr. Thomas Weißenborn ist Dozent für Systematische Theologie und Neues Testament am Marburger Bibelseminar. Mit seiner Frau Sabine und seinen vier Kindern lebt er in Marburg.

Dieses Buch ist auf
100 % Recyclingpapier gedruckt.

Bibliografische Information Der Deutschen Bibliothek
Die Deutsche Bibliothek verzeichnet diese Publikation in der Deutschen Nationalbibliografie; detaillierte bibliografische Daten sind im Internet über http://dnb.ddb.de abrufbar.

ISBN 978-3-86827-131-7

35037 Marburg an der Lahn
Covergestaltung: Antje Radtke
Umschlagbild: Image Copyright Calogero, 2009 Used under license from Shutterstock.com
Satz: Verlag der Francke-Buchhandlung GmbH
Druck und Bindung: Bercker Graphischer Betrieb, Kevelaer

www.francke-buch.de

Inhaltsverzeichnis

We live in a greedy little world
That teaches every little boy and girl
To earn as much as they can possibly
Then turn around and spend it foolishly
We've created us a credit card mess
We spend the money we don't possess
Our religion is to go and blow it all
So it's shoppin' every sunday at the mall
All we ever want is more
A lot more than we had before
So take me to the nearest store

Shania Twain, „Ka-Ching"

Denkt an das Wort des Herrn Jesus, der selbst gesagt hat:
Geben ist seliger als nehmen.

Apostelgeschichte 20,35

Nur ein schlechtes Gewissen?

Ein seltsames Phänomen schleicht sich nach und nach in unser Leben in der westlichen Welt. Im Prinzip geht es dabei um nichts Neues, denn die Fakten liegen eigentlich schon seit Jahrzehnten auf dem Tisch, obwohl sie zwischendurch immer wieder erfolgreich verdrängt worden sind. Mit dem Klimawandel ist jedoch ein aus den Ölkrisen der Siebzigerjahre des letzten Jahrhunderts bekanntes Gefühl mit Macht zurückgekehrt: Weil unsere Welt endlich ist, können wir nicht mehr so weitermachen wie bisher. Überall regt sich daher das schlechte Gewissen; der Markt für Bioprodukte boomt; nicht zuletzt aufgrund der gestiegenen Energiekosten haben Wärmedämmung und alternative Energiequellen Hochkonjunktur. „Nachhaltigkeit" ist zum neuen Modewort geworden.

Verbunden mit dem Stichwort der Globalisierung steigt zudem das Unbehagen mit den weltwirtschaftlichen Gegebenheiten. Ohne dass wir es konkret bei den von uns erworbenen Waren belegen können, haben wir doch zumindest die Vermutung, dass vieles von dem, was wir kaufen, unter fragwürdigen Bedingungen hergestellt worden ist. Lebensmittelskandale etwa offenbaren immer auch, welche Missstände sozusagen zum Normalbild einer ganzen Branche gehören. Wer wusste zum Beispiel vor dem Aufkommen von BSE, dass Rinder in unserem Landwirtschaftssystem zum Kannibalismus gezwungen werden, indem man Tiermehl an sie verfüttert? Wer ahnt die weltweiten Verflechtungen der Lebensmittelindustrie, wenn sie nicht dadurch ans Tageslicht kommen, dass „deutsche" Sahnebonbons von giftigen Panschereien in der chinesischen Milchindustrie mitbetroffen sind?

Anderes schlummert eher unter der Oberfläche, erzeugt vielleicht ein diffuses schlechtes Gewissen, dem man allerdings nur schwer nachgehen kann. Mittlerweile schwant es jedem, dass in der Textil- und Schuhindustrie unter Arbeitsbedingungen produziert wird, die teilweise so erbärmlich sind, dass man eigentlich von Sklaverei reden müsste. Das Gleiche gilt für andere Branchen, die ihre Produktionsstandorte in „Sonderwirtschaftszonen" von Staaten haben, die man treffenderweise „Billiglohnländer" nennt. Wer mit offenen Augen durch die Welt geht, wird also entdecken, dass unser Lebensstil hohe Kosten verursacht – so hohe, dass wir nur hoffen können, der Rest der Welt werde vernünftiger sein und ihn nicht übernehmen.

Hiermit verbunden ist ein zunehmendes Entsetzen über die Tatsache, dass nicht wenige selbst mit unserem Lebensstil noch nicht zufrieden sind. Auch innerhalb der Wohlstandsgesellschaften wird deshalb nicht nur die Schere zwischen Arm und Reich immer größer, es entsteht eine ganz neue Schicht von Superreichen, die anscheinend über jede Notlage oder wirtschaftliche Krise erhaben sind, während die Mittelschicht schon kleinere Konjunkturprobleme am eigenen Leib zu spüren bekommt. Die Kritik am System der Marktwirtschaft, am „Neoliberalismus" und „Turbokapitalismus" ist deshalb in aller Munde.[1]

Damit sind wir freilich bei dem Punkt, an dem das Phänomen seltsam wird. Alle Analysen scheinen darauf hinzudeuten, dass wir ein Problem mit dem Zuviel haben: zu viel Energie- und Ressourcenverbrauch, zu viel Umweltverschmutzung, zu viele Wegwerfprodukte. Die logische Konsequenz müsste also in der Abkehr vom Zuviel und damit im Weniger in allen Bereichen liegen. Konkret bedeutet das Verzicht. Wenn die Welt besser werden soll, müssen wir auf Wohlstand verzichten – und damit auf Einkommen, Autos, Urlaubsreisen, große Wohnungen, modische Kleidung, Fertigprodukte, Multimediaentertainment und vieles mehr.

Ein Horrorszenario? Genau. Vielleicht wagt es deshalb niemand, uns wirklich Verzicht zu predigen. Wir träumen lieber davon, dass man mit Hybridautos weiterhin genauso mobil bleiben kann wie bisher, dass man große Häuser CO_2-neutral klimatisieren kann, dass Bio-Kiwis aus Neuseeland auch künftig zu jeder Jahreszeit möglich sind. Hollywood-Größen machen uns schließlich vor, wie man im

1 „Eine kurze Geschichte der Konsumkritik" liefert zum Beispiel Tanja Busse in ihrem Buch: Die Einkaufsrevolution. Konsumenten entdecken ihre Macht, akt. Taschenbuchausgabe, München 2008, S. 29ff.

Luxus schwelgen und gleichzeitig keinen „ökologischen Fingerabdruck" auf unserem Planeten hinterlassen kann.

Nicht möglich erscheint dagegen Verzicht. Kein Globalisierungsgegner fordert eine allgemeine Einkommenssenkung in den Wohlstandsländern, im Gegenteil. Gerade die Kritiker des „Neoliberalismus" wollen steigende Löhne, damit die Binnennachfrage angekurbelt wird. Alte, wenig umweltfreundliche Produkte sollen durch neue, „bessere" ersetzt werden – obwohl längst klar ist, dass es weitaus sinnvoller für die Umwelt wäre, ein funktionierendes Gerät noch eine Weile zu gebrauchen anstatt es zu entsorgen und durch ein frisch hergestelltes zu ersetzen. Rechnet man den Energie- und Ressourcenverbrauch zum Beispiel bei der Produktion eines Autos, kann das alte ruhig ein wenig mehr Sprit fressen, die Energiebilanz wird immer noch besser sein als wenn wir das alte verschrotten und durch ein neues ersetzen.[2] Doch diese Logik ist unserem Denken fremd. Wir reagieren statt dessen auf die Krise des Zuviels mit dem Allheilmittel des Nochmehr. Damit allerdings marschieren wir sehenden Auges in die Katastrophe, wobei es wenig hilft, dabei auch noch ein schlechtes Gewissen zu haben.

Ebenso wenig hilft es jedoch, flammende Reden gegen den Materialismus und die „Gier" zu halten, die angeblich unsere Zeit prägen. Denn so materialistisch und gierig, wie es auf den ersten Blick scheint, sind wir doch eigentlich gar nicht. Betrachten wir einmal die Comicfigur Dagobert Duck als Urbild des Geizkragens, der für Geld alles tut, selbst aber nahezu bedürfnislos lebt: Solche Menschen sind im Alltag ebenso selten wie ein Franz von Assisi, der all seinen Besitz den Armen gibt und fortan bettelnd durch die Lande zieht. Kennzeichnend für unsere Welt ist vielmehr der Schnäppchenjäger und Raten-

2 Nach Schätzungen des Verkehrsclub Deutschland (VCD) könnte man allein mit der zur Herstellung eines neuen Fahrzeugs benötigten Energie ein altes zwei Jahre lang betreiben. Die Anschaffung eines Neuwagens ist aus umweltpolitischen Gesichtspunkten also nur dann sinnvoll, wenn er deutlich weniger verbraucht als der, den er ersetzt, bzw. aufgrund eines Rußpartikelfilters oder geregelten Katalysators sehr viel weniger Schadstoffe ausstößt. Ansonsten gilt für so aufwändig produzierte und langlebige Gebrauchsgüter wie Autos generell, dass man sie so lange wie möglich nutzen sollte, bevor sie ersetzt werden (Quelle: www.tagesschau.de/wirtschaft/abwrackpraemie118.html, abgelesen am 02.02.2009)

käufer, der heute schon den Lebensstandard erreichen möchte, den er sich eigentlich erst morgen leisten kann (und dann auch nur vielleicht).

In unserer von Internet-Auktionshäusern geprägten Einkaufskultur zeigt sich zudem ein weiteres Phänomen: Wir sind längst nicht mehr nur Kunden und Verbraucher, wir werden zunehmend auch zu Anbietern und Verkäufern. Damit jedoch fällt uns der erste Teil von Jesu Forderung an den reichen Jüngling immer weniger schwer: „Verkaufe, was du hast!“ (Matthäus 19,21).

Gerade in einer Wegwerf- und Verkäufergesellschaft kann man daher nicht davon ausgehen, dass ihre Mitglieder zu den von ihnen erworbenen Waren eine besondere Bindung entwickeln, sonst könnten sie sich nicht so mühelos von ihnen trennen. Im Gegenteil, es liegt sogar die Annahme nahe, dass wir in vielem ein ähnlich distanziertes Verhältnis zu den materiellen Gütern haben wie die altkirchlichen Asketen. Wir gebrauchen sie, aber wir hängen nicht an ihnen und können deshalb jederzeit von ihnen Abschied nehmen – vor allem dann, wenn wir sie durch andere ersetzen.[3] Damit jedoch könnte auch ein Weg zum Verzicht möglich sein.

Um ihn wirklich frohen Herzens gehen zu können, müssen wir allerdings zuvor einen tieferen Einblick in die spirituellen[4] Grundlagen unseres Wirtschaftssystems bekommen. Diese Grundlagen sind es schließlich, die es uns nicht nur schwer machen, uns von unserer Art zu leben zu verabschieden. Weil es sich um *spirituelle* Grundlagen handelt, prägen sie zudem unsere Denkweise – und damit auch unser Verständnis von Christentum, Gemeinde und Kirche. Betrachten wir Letztere nämlich ausschließlich in dem von unserem System vor-

---

3 Vgl. William T. Cavanaugh: *Being Consumend. Economics and Christian Desire*, Grand Rapids (USA) 2008, S. xi. Cavanaughs Analyse unseres Wirtschaftssystems bildet den Hintergrund der hier ausgeführten Gedanken.

4 Mir ist bewusst, dass es sich bei „Spiritualität“ um ein Modewort handelt, das durch seinen häufigen Gebrauch immer sinnentleerter wird. Allerdings fällt es schwer, diesen Begriff durch einen anderen zu ersetzen, der etwas Ähnliches ausdrückt. Wenn hier von Spiritualität die Rede ist, sind also die geistlich-weltanschaulichen Grundlagen eines Systems gemeint, das, was unhinterfragt geradezu als „religiöse“ Wahrheit angenommen wird, also das, woran wir glauben, wenn wir innerhalb eines Systems denken und handeln.

gegebenen Rahmen, hören sie auf, kritisches Gegenüber der Gesellschaft und Kultur zu sein, sondern gehen in ihnen auf, werden ein Teil von ihnen. Entsprechend wenig können sie zur Lösung unseres tiefgreifenden Dilemmas beitragen, es sei denn, sie werden von Grund auf anders gedacht und gelebt. Deshalb werden wir uns auch mit den sich daraus ergebenden Fragen und Problemen beschäftigen.

Die Spiritualität des Konsums

Wenn hier von den spirituellen Grundlagen unseres Wirtschaftssystems die Rede ist, wird logischerweise vorausgesetzt, dass kein politisches oder ökonomisches System weltanschaulich neutral ist. Mit allem ist vielmehr eine bestimmte Weltsicht verbunden, in deren Rahmen das entsprechende Denken und Handeln stattfindet. Entscheidend für die Analyse ist daher nicht die Frage, *ob* zum Beispiel die Marktwirtschaft ein besonderes Menschenbild voraussetzt, sondern *welches*. Denn erst vor diesem Hintergrund können wir erkennen, inwieweit dieses Menschenbild mit dem des Christentums übereinstimmt bzw. wie es weiterentwickelt werden kann, um ihm zu entsprechen. Wenig erfolgversprechend ist es dagegen, sich auf die Suche nach einem weltanschaulich wirklich neutralen System zu machen. Da alles Denken und Handeln auf (oft unausgesprochenen) Voraussetzungen aufbaut, kann es das nicht geben.

Beginnen wir also mit der Analyse unseres Wirtschaftssystems. Das soll anhand von drei Stichworten geschehen, die für die Diskussion bedeutsam sind. Beim ersten geht es um das Menschenbild, das unter dem Begriff der „Freiheit" verhandelt wird, der im Selbstverständnis sowohl unseres politischen wie wirtschaftlichen Systems eine zentrale Rolle spielt. Danach soll es um die Sinnfragen gehen und damit um das, was klassisch mit Jenseitsvorstellungen verbunden wird. Das Stichwort hierzu ist deshalb „Transzendenz". Den Abschluss bildet die Frage, auf welche Weise uns unser System „Heimat" gibt. Denn hier müssen wir ansetzen, um Wege aus dem System hin zu einem besseren zu finden.

Freiheit: Von Wahlen und Qualen

Wer sich ein wenig mit der Geschichte der westlichen Zivilisation beschäftigt, wird sehr bald auf den Begriff der Freiheit stoßen, der sowohl die politische wie die wirtschaftliche Diskussion seit über zwei Jahrhunderten bestimmt. Besonders deutlich wurde das zum Beispiel im „Kalten Krieg", in dem unser System in Abgrenzung zu einem anderen formuliert worden ist. Zur Zeit des Ost-West-Konfliktes konnte man daher von der „freien Welt" reden, die von einer „freien Marktwirtschaft" geprägt war. Doch auch nach dem Zusammenbruch des Ostblocks und seines politischen und wirtschaftlichen Systems bleiben in unserer Kultur die Worte „Freiheit", „liberal" usw. nahezu ausschließlich positiv besetzt.[5]

Seit der Aufklärung haben wir es dabei mit einem Freiheitsbegriff zu tun, der von der Befreiung her kommt. Im Zentrum steht die Freiheit vom Zwang, die Emanzipation von einengenden Grenzen. Deutlich sichtbar ist bis heute, dass dieses Verständnis seinen Ursprung in der Abgrenzung vom obrigkeitsstaatlichen Denken hat: Der einzelne Mensch sollte nicht länger Untertan von Fürsten, Bischöfen und anderen Autoritäten sein, sondern sein Leben selbstbestimmt in die Hand nehmen. Freiheit hat daher im westlichen Kulturkreis immer etwas mit Berechtigung zu tun: Ich darf so sein, wie ich sein möchte. So verstanden lässt sich Freiheit folglich als Menschenrecht formulieren, etwa als „Recht zur freien Entfaltung der Persönlichkeit".[6] Freiheit schafft also einen Freiraum, in dem der einzelne Mensch sich als Individuum ohne Zwänge von außen entfalten kann.

Entscheidend für das weitere Verständnis ist nun, dass wir es dabei mit einem *negativen* Freiheitsbegriff zu tun haben. Zentral ist also die Freiheit *von* etwas, nämlich von Zwang und Einmischung. Um die Freiheit *zu* etwas und damit den *positiven* Freiheitsbegriff geht es dagegen nicht. Im Gegenteil, dieser Freiheitsbegriff ist dem von der Aufklärung her kommenden Denken zutiefst suspekt, wenn es ihn nicht generell ablehnt. Auch das lässt sich vor dem Hintergrund der

5 Eine Ausnahme stellen in diesem Zusammenhang die USA dar, wo „*freedom*" („Freiheit") den höchsten Stellenwert besitzt, „*liberal*" dagegen ein Unwort ist, das oft mit Unmoral und sozialistischem Gedankengut assoziiert wird. In Europa scheint man dagegen unter „Liberalismus" (wirtschaftlich betrachtet) das Gegenteil des Sozialen zu verstehen.

6 Klassisch formuliert sind die damit verbundenen Rechte im Grundrechtekatalog des Grundgesetzes. So bekennt sich Art. 2 zum Recht auf freie Entfaltung der Persönlichkeit, Art. 3 zur Glaubens- und Gewissensfreiheit, Art. 5 zur Meinungs- und Forschungsfreiheit, Art. 8 zur Versammlungsfreiheit, Art. 9 zur Vereinigungsfreiheit, Art. 11 zur Niederlassungsfreiheit und Art. 12 zur freien Berufswahl, um die wichtigsten zu nennen. In jedem Fall geht es um die Freiheit von staatlichen Beschränkungen.

Geschichte erklären: Bis heute wird der positive Freiheitsbegriff in autoritären Systemen missbraucht, um den negativen einzuschränken. Für ein „höhergeordnetes Ziel" wie das „Gemeinwohl", den „Sozialismus" oder die „nationale Sicherheit" muss der Einzelne dort auf seine Freiheit vom Zwang verzichten. In der Praxis führte und führt deshalb die Betonung des positiven Freiheitsbegriffs zu einer zumindest teilweisen Abschaffung von Freiheitsrechten, also in die konkret erlebte Unfreiheit.

Wird der positive Freiheitsbegriff, also die Freiheit zu etwas, kritisch betrachtet, bleibt freilich zwangsläufig auch die Frage nach dem Ziel des Einzelnen und der Gesellschaft und damit nach dem Sinn des menschlichen Daseins zunächst einmal offen. Mit dem Ende der Obrigkeit existiert zudem in demokratischen Gesellschaften schlicht keine Instanz mehr, die die Legitimation hätte, in diesem Bereich verbindliche Vorgaben zu machen. Allerdings hofft man, dass sich diese Fragen, wenn schon nicht direkt, dann doch wenigstens indirekt von selbst klären. In der Politik etwa gehen demokratische Systeme davon aus, dass das Gemeinwohl dadurch erreicht wird, dass alle Bürger gleichermaßen an der Willens- und Entscheidungsbildung beteiligt sind.

* * *

In der freien Marktwirtschaft wird dieses Verständnis nun auf den wirtschaftlichen Bereich übertragen. Im Gegensatz zu staatlich gelenkten Wirtschaftssystemen wie dem Merkantilismus der absolutistischen Fürsten oder den Planwirtschaften der kommunistischen Systeme des 20. Jahrhunderts wird in der Marktwirtschaft nicht von oben festgelegt, was produziert werden soll. Das soll vielmehr dem „freien Spiel der Kräfte" überlassen bleiben.[7]

Im Hintergrund steht damit ein Menschenbild, das in vielen Punkten eher dem biblischen Verständnis vom Menschen als Eben-

7 Was hier von der freien Marktwirtschaft ausgesagt wird, gilt im Prinzip auch für das deutsche System der sozialen Marktwirtschaft, in dem allerdings die negativen Auswirkungen des freien Marktes für den Einzelnen sozial abgefedert werden sollen.

bild Gottes entspricht als die Vorstellungen manch einer obrigkeitlich organisierten Kirche bzw. Gemeinde. Der Einzelne wird schließlich als mündiges Individuum betrachtet, nicht als „Untertan" oder „Schäfchen", weswegen er auch die Verantwortung für sein Leben übernehmen darf und soll.

Die Marktwirtschaft geht zudem von einer an die paulinische Gemeindeordnung erinnernden Gabenorientierung aus, nach der alle ihre jeweiligen Fähigkeiten in die Gemeinschaft einbringen dürfen und sollen. Darüber hinaus erledigt sich der aus Korinth bekannte Streit um den Wert einzelner Gaben (vgl. 1. Korinther 12-14) in einer Marktwirtschaft von selbst. Indem durch Angebot und Nachfrage ein hochflexibles Bewertungssystem geschaffen wird, sind nämlich immer die Gaben am wertvollsten, die gerade am nötigsten gebraucht werden. Adam Smith, der Theoretiker des Kapitalismus, spricht in diesem Zusammenhang von der „unsichtbaren Hand", die durch das individuelle Handeln der einzelnen Marktteilnehmer den „Wohlstand der Nationen" herbeiführe.[8]

Was in der Theorie plausibel klingt, leidet freilich in der Praxis an einem schweren Geburtsfehler: Die Marktwirtschaft setzt voraus, dass Menschen als Individuen in einem für sie überschaubaren Markt auftreten. Wie für die Demokratie bildet also auch für den Markt die Übersichtlichkeit eines Dorfes den idealen Hintergrund: Der Bauer trifft auf den Bäcker, den Metzger und den Tischler, die mit Hilfe von Geld bewerten, wie die Produkte der anderen im Vergleich zu den eigenen einzuschätzen sind. So findet der Bäcker heraus, wieviel Brot er backen muss, um einen Stuhl des Tischlers erwerben zu können. Der wiederum wird sich automatisch ein anderes Betätigungsfeld suchen, wenn das ganze Dorf mit Mobiliar ausgestattet ist und die Nachfrage deswegen einbricht. Wird er daraufhin ebenfalls Bäcker, könnte es sein, dass er seine Entscheidung nach ein paar Jahren überdenkt, wenn einerseits durch den Konkurrenzdruck der Brotpreis fällt und andererseits die Möbelpreise aus Gründen der Knappheit so sehr anziehen, dass sich ein erneuter Umstieg lohnen würde.

8 So lautet der Titel seines programmatischen Werkes aus dem Jahr 1776: „*The Wealth of the Nations*".

Schon allein dieses kleine Beispiel zeigt, dass die Marktwirtschaft weitaus flexibler ist als jede Form von Planwirtschaft. Niemand kann voraussehen, wann die Nachfrage nach Mobiliar tatsächlich so weit gesättigt sein wird, dass der Tischler umschulen muss – und ab wann er besser wieder in seinen alten Beruf zurückkehrt. Hier lenkt tatsächlich die „unsichtbare Hand" des Marktes. Was aber passiert, wenn das Dorf zur Großstadt wird und die Tischlerei zum weltweit agierenden Möbelkonzern? Was passiert, wenn Banken ins Spiel kommen, die sowohl Möbelkonzernen wie auch Brotfabriken Kapital zur Verfügung stellen und sich dabei vor allem an der erreichbaren Rendite orientieren?

Die Theorie der Marktwirtschaft geht zunächst einmal davon aus, dass sich ihre Grundlagen auch dann im Prinzip nicht ändern. Das System wird zwar wesentlich komplizierter, die Grundproblematik von Angebot und Nachfrage bleibt jedoch dieselbe. Bei näherem Hinsehen wandeln sich durch die Vergrößerung des Marktes allerdings so viele Parameter, dass man kaum noch von demselben Ansatz sprechen kann. Das beginnt schon mit dem Fundament des ganzen Systems. Wer sich die heutige Wirtschaftspraxis anschaut, wird kaum davon sprechen können, dass im Markt freie Individuen aufeinander treffen. Sie sind längst großen Konzernen gewichen, die wesentlich ungebundener agieren können als einzelne Menschen. Während letztere an bestimmte Orte und Sprachen gebunden sind, steht einem transnationalen Konzern die Welt offen. Frei im eigentlichen Sinne ist in unserer Wirtschaft deshalb nur noch Kapital, also Geld, das innerhalb von kürzester Zeit weltweit verschoben und eingesetzt werden kann. Im Zentrum steht dabei die Frage nach dem größtmöglichen Profit, womit selbst die scheinbar übermächtigen Manager transnationaler Konzerne nicht mehr frei sind. Auch sie unterliegen den Gesetzen des Kapitals, die umso zwingender werden, je mehr die Begrenzungen durch staatliche Gesetze im Namen des „freien Welthandels" wegfallen.

In unserem immer komplexer werdenden Wirtschaftssystem geht zudem die Überschaubarkeit in jeder Hinsicht verloren. So kann man schon ein einzelnes Unternehmen aus vielen verschiedenen Blickwinkeln betrachten. Kunden sehen das Produkt und seinen Ladenpreis, haben aber keine Ahnung von den Herstellungsbedingungen sowie den sozialen und sonstigen Kosten, die damit verbunden sind. Aktionäre schauen allein auf die Dividende und kümmern sich dabei kaum um die Feinheiten des Produktionsprozesses; wenn sie lediglich an der kurzfristigen Vermehrung des eingesetzten Kapitals interessiert sind, haben sie sogar nur den Aktienkurs im Auge. Für Arbeitnehmer wiederum ist das Unternehmen vor allem Arbeitgeber, für den sie selbst ein Kostenfaktor sind.

Verkompliziert wird das System ferner dadurch, dass die genannten Größen oft gar nicht so deutlich aufeinander treffen. Kunden kaufen nur in den seltensten Fällen direkt beim Hersteller, ja bei vielen Produkten lässt er sich gar nicht wirklich ausmachen (weil die entsprechenden Labels nur angeben „Hergestellt für..." bzw. „Vertrieb durch..."). Arbeitnehmer werden in Leiharbeitsfirmen oder Beschäftigungsgesellschaften „ausgelagert" bzw. treten als scheinbar selbständige Subunternehmer auf. Gelder dagegen werden nicht nur in Aktien, sondern in Fonds, ja oft sogar in Dachfonds angelegt, also Fonds, die wiederum in andere Fonds investieren. Der Weg des Geldes ist damit ebenso schwer nachzuvollziehen wie der einer einzelnen Ware.[9] Gerade die Krisen der letzten Jahre zeigen, dass unser System mittlerweile so kompliziert ist, dass selbst die Manager der betroffenen Unternehmen oft keinen Durchblick mehr haben.[10]

* * *

9 Als ethisch engagierter Anleger sollte man bedenken, dass dieser Sachverhalt bewusst ausgenutzt wird. Oft bringen nämlich gerade die Firmen die größte Rendite, die das fragwürdigste Geschäftsmodell haben. In einer Welt, die von Kriegen und Bürgerkriegen zerrissen ist, lässt sich zum Beispiel mit Handfeuerwaffen und Landminen sehr viel Geld verdienen, was die Aktien der entsprechenden Hersteller für Fonds interessant macht. Ähnliches gilt natürlich auch für Konzerne, die ihre Rendite durch niedrige Umwelt- und Sozialstandards in die Höhe treiben. Als Anleger kauft man deshalb unter Umständen versteckt in Fonds Anteile an Firmen, die man niemals direkt unterstützen würde.

10 Biblisch gesprochen treffen damit im Markt nicht mehr Individuen, sondern „Mächte" aufeinander. Vgl. Thomas Weißenborn: Das Geheimnis der Hoffnung. Einführung in den christlichen Glauben, Marburg 2008, S. 141ff.

Damit jedoch geht eine unverzichtbare Voraussetzung der Freiheit verloren: die Information. Wenn wir de facto nicht wissen, was sich hinter den einzelnen Angeboten verbirgt, können wir auch keine freie Entscheidung treffen, jedenfalls keine, die unsere Interessen und Bedürfnisse berücksichtigt. Wir müssen vielmehr willkürlich auswählen, ohne auch nur zu ahnen, ob unsere Wahl nicht gerade unseren Interessen zuwiderläuft, etwa indem wir zum Abbau von sozial abgesicherten Arbeitsplätzen, zur Umweltzerstörung oder zur Ressourcenverschwendung beitragen. Damit jedoch wird die Freiheit zur Farce, weil wir nicht mehr kennen, was wir tatsächlich wählen.

Verschärft wird die Problematik durch die Tatsache, dass uns nicht nur der Herstellungsprozess einzelner Waren weitgehend unbekannt ist, sondern das ganze Feld der Produktion überhaupt. Die erste industrielle Revolution brachte vor allem Arbeitsteilung und Automatisierung, die Produktion selbst blieb jedoch vor Ort. Durch die Globalisierung hat sich das so grundlegend geändert, dass ein Großteil der Menschen in der westlichen Welt noch nie eine Fabrik von innen gesehen hat. Mit anderen Worten: Bei den allermeisten Produkten haben wir überhaupt keine Ahnung, wie sie hergestellt werden. Wir können zum Beispiel nicht einmal ansatzweise abschätzen, wie viel Liter Trinkwasser für die Herstellung einer Baumwolljeans (bis zu 8.000[11]) oder zur Gewinnung eines Liters Orangensaft gebraucht werden (bis zu 1000).[12] Ähnlich geht es uns mit dem Einsatz anderer Ressourcen oder mit den in unseren Waren enthaltenen Schadstoffen. Wir wissen nichts über die jeweiligen Arbeitsbedingungen oder die Umweltstandards, wir kennen nicht die Transportwege, die die Güter bzw. ihre Komponenten zurückgelegt haben. Meistens können wir unsere Produkte auch weder warten noch reparieren. Wie sollen wir vor diesem Hintergrund entscheiden können, ob 25 Euro für ein T-Shirt oder 50 Euro einen MP3-Player angemessen sind?

---

11 Süddeutsche Zeitung vom 21.03.2007 (http://www.sueddeutsche.de/wissen/special/90/59031/9/; abgelesen am 06.10.08).

12 Im Internet gibt es unter http://www.visumsurf.ch/cgi-bin/htmlearn_wett.cgi?lesson=ww_quiz_produkte.dat einen Test, bei dem man den für die Herstellung einzelner Produkte nötigen Wasserverbrauch raten kann.

Was bleibt, ist also nur der schlichte Marktwert eines Produktes, eben der Preis, zu dem man es verkaufen kann. Da der aber nun zum einzigen einigermaßen verlässlichen Bewertungskriterium geworden ist, wird die Grundannahme der Marktwirtschaft auf den Kopf gestellt: Der Preis wird nicht mehr durch Angebot und Nachfrage bestimmt, vielmehr hängt beides vom Preis ab. Gerade transnationale Konzerne nutzen in dieser Hinsicht ihre Macht, indem sie auf der einen Seite einen weltweiten Konkurrenzdruck in Bezug auf Löhne und Umweltstandards erzeugen (etwa indem sie den gesamten Produktionsprozess ausschreiben und dem billigsten Anbieter den Zuschlag geben), während sie auf der anderen den Preis auf den Absatzmärkten nach ganz anderen Gesichtspunkten festlegen. Was uns in den Läden begegnet, ist nämlich oft eine Pseudokonkurrenz. Diverse unter dem Dach eines einzigen Konzernes angesiedelte „Marken" treten scheinbar in Wettbewerb miteinander, bedienen in Wirklichkeit jedoch nur verschiedene Segmente des Marktes, der eben von „Premium" bis „Billig" reicht. Die Produkte selbst unterscheiden sich dabei unter Umständen gar nicht in der Qualität (oder den mit ihrer Herstellung verbundenen Kosten), sondern nur in der „Wertanmutung", also am erreichbaren Verkaufspreis.

In den vergangenen Jahren mussten wir deshalb zunehmend entdecken, dass in einer Marktwirtschaft tatsächlich alles den Gesetzen des Marktes unterworfen ist. Das Gesagte gilt daher nicht nur für Produkte, sondern auch für Menschen. Ähnlich wie wir bei den von uns erworbenen Waren Herkunft und Weg kaum ausmachen können, ist uns auch unser Platz im weltweiten System nicht bewusst. Die meisten von uns arbeiten schließlich nicht in irgendeiner erkennbaren Form für das Gemeinwohl (wie das noch der Bäcker oder der Tischler in unserem Beispiel taten), sondern füllen eine Position in einer Firma aus, wobei es oft noch nicht einmal deutlich ist, welche Rolle ihre eigene Arbeitsleistung im Fortkommen der Firma spielt – weswegen man in einer Krise oder bei einer Fusion mit einem anderen Unternehmen unter Umständen entdecken muss, dass die eigene Leistung eigentlich „überflüssig" ist und deshalb wegrationalisiert werden kann.

Oder um es mit dem bekannten Beispiel von den Arbeitern an einer Kathedrale auszudrücken:[13] Wer kann heute noch seine Arbeit an einem Stein als Bau einer Kathedrale bezeichnen? Die meisten von uns meißeln doch nur noch an einem Stück Fels herum, von dem sie gar nicht ahnen, wo es einst verbaut werden wird. Und sie tun das mit Blick auf tausend andere neben ihnen, wohl wissend, dass ihre Arbeit jederzeit von einem anderen in einem anderen Teil der Welt getan werden kann, wenn es für ihren Arbeitgeber günstiger erscheint.[14]

Betrachtet man diese Problematik einmal mit einem gewissen Abstand, hat sich hier dasselbe Phänomen eingestellt wie in der Warenwelt. Wie den Wert der von uns erworbenen Produkte können wir auch den Wert der von uns geleisteten Arbeit nicht mehr länger ermessen. Als einziger Bewertungsmaßstab bleibt auch hier das Geld in Form der dafür gezahlten Entlohnung. Diese unterliegt jedoch anderen Gesetzmäßigkeiten als der Frage, ob eine Tätigkeit sinnvoll ist oder einen Beitrag zum Allgemeinwohl liefert. Eine „bessere" Arbeit ist damit zwangsläufig eine besser bezahlte. Die Bezahlung richtet sich freilich nur bedingt nach den Fähigkeiten des Einzelnen oder seinem Bildungsstand, sondern danach, wie für das eingesetzte Kapital die größte Rendite zu erzielen ist.

Unser wirtschaftliches System kann daher seine Anfangsverheißung, dass jeder entsprechend seiner Fähigkeiten am Markt teilnehmen kann und dafür eine angemessene Gegenleistung erhält, nicht erfüllen. Im Gegenteil wird eine große Gruppe der Menschheit von einer fairen Teilnahme am Marktgeschehen ausgeschlossen. Unter Umständen bringen deren Angehörige zwar noch ihre Fähigkeiten ein, bekommen aber einen angemessenen Lohn vorenthalten. Andere dagegen sind zum Hungern verurteilt ohne Aussicht auf irgendeine Arbeit.

---

13 Auf einer Baustelle werden drei Arbeiter gefragt, was sie tun. Der erste antwortet: „Ich behaue einen Stein." Der zweite sagt: „Ich behaue einen Stein, der einmal der Schlussstein eines Bogens sein wird." Der dritte schließlich antwortet: „Ich baue eine Kathedrale." Nur der letzte hat wirklich einen Sinn in seiner Arbeit entdeckt, weil er erkennt, dass sie Teil von etwas Größerem ist.

14 Tatsächlich werden mittlerweile Pflastersteine, Grabmale und Ähnliches aus Ländern der sogenannten Dritten Welt importiert, wo sie teilweise unter erbärmlichen Bedingungen hergestellt werden – womit sie trotz langer Transportwege immer noch billiger sind als heimische Produkte.

Auch innerhalb der Wohlstandsgesellschaften stellt sich eine immer größer werdende Schieflage ein. Nachdem zuerst die Erwerbszweige, die für die Nahrungsmittelversorgung und den Erhalt der natürlichen Lebensgrundlagen zuständig sind, von der allgemeinen Einkommensentwicklung abgehängt wurden, sind es nun die Angehörigen des produzierenden Gewerbes und der elementaren Dienstleistungen. Je enger ein Wirtschaftszweig freilich auf den Kapitalverkehr beschränkt ist (also gar nichts mehr produziert, sondern nur noch Kapital zur Verfügung stellt), desto größer sind dagegen die Einkommen, die in schwindelerregende Höhen ansteigen können.

Dadurch leben wir in einer Gesellschaft, die trotz verschiedener Wirtschaftskrisen an den Rändern erstaunlich stabil ist. Wer oben ist, erhält auch in Krisenzeiten großzügige Einkommenszuwächse, die unteren Schichten profitieren dagegen selbst vom Aufschwung kaum. Angehörige der Mittelschicht schließlich müssen in vielen Bereichen immer mehr Leistung bringen, um überhaupt ihren Status zu erhalten. Nicht der Wunsch, es eines Tage besser zu haben, steht damit im Mittelpunkt der Bemühungen, sondern die wachsende Angst vor dem Abstieg in eine Unterschicht, aus der es scheinbar kein Entrinnen mehr gibt.

Damit jedoch hat die „unsichtbare Hand" tatsächlich einen Sinn und ein Ziel des marktwirtschaftlichen Tuns herbeigeführt. Letztlich wird der Vermehrung des Kapitals alles andere untergeordnet.[15] Un-

15 Wie wichtig dieser Sektor mittlerweile für unser System geworden ist, zeigen die Reaktionen auf die ab 2007 auftretende Bankenkrise, die ihren Ursprung in der sorglosen Kreditvergabe durch die Banken selbst hat. Ließe man nun tatsächlich marktwirtschaftliche Mechanismen greifen, würde das zu einer Pleitewelle unter den Banken führen – und damit zu einem Kollaps des gesamten Systems, das in entscheidender Weise vom Kapitaleinsatz abhängt. Deshalb waren und sind Regierungen weltweit bereit, den Banken in bisher unbekanntem Ausmaß Geld zur Verfügung zu stellen, auch wenn dadurch die Staatsschulden weiter ansteigen (und damit in anderen Bereichen langfristig gekürzt werden muss). Geht es dagegen um das produzierende Gewerbe, ist man weit vorsichtiger. Hier greifen Staaten in der Regel nur ein, wenn große Konzerne bedroht sind und damit sehr viele Arbeitsplätze auf dem Spiel stehen. Die Bankenkrise und die Reaktionen darauf zeigen also in einer bisher kaum gekannten Deutlichkeit, was in unserem Wirtschaftssystem tatsächlich wichtig ist: Wenn es um die Rettung des Kapitals geht, sind zweistellige Milliardenbeträge offenbar die kleinste Recheneinheit, über ihre Vergabe kann innerhalb weniger Tage entschieden werden. Geht es dagegen um soziale Belange, Bildung o. ä. stehen uns nicht nur monatelange Debatten ins Haus, die schließlich bewilligten Beträge fallen auch vergleichsweise minimal aus.

ter dem Versprechen der Freiheit hat sich also der Mammon zum Herrn der Welt aufgeschwungen. Die Freiheit – verstanden als sinnvolle Wahl entsprechend den eigenen Interessen – ist dabei jedoch auf der Strecke geblieben.

Transzendenz: Von Werten inmitten der Wertlosigkeit

Halten wir einen Augenblick inne und machen wir uns noch einmal die Grundlagen unseres Wirtschaftssystems bewusst: Im Zentrum steht die Vermehrung des eingesetzten Kapitals. Nun kann Geld freilich nicht einfach so mehr werden, das würde schlichtweg in die Inflation, also die Geldentwertung führen. Jeder Rendite muss daher eine entsprechende Wertschöpfung gegenüberstehen. In einem geschlossenen, begrenzten System wie dem des Planeten Erde haben wir allerdings ein Problem: Prinzipiell kann nichts dazukommen (sieht man einmal von Sonnenenergie ab, die letztlich allem Wachstum zugrundeliegt). Eine Wertschöpfung kann daher nur passieren, indem etwas, was vorher keinen oder wenig Wert (im Sinne eines Geldwertes) besaß, einen solchen zugeschrieben bekommt. Das geschieht, indem man Rohstoffe und andere Ressourcen, die als natürliche Vorkommen „wertlos" sind, abbaut und zu Produkten verarbeitet, die auf dem Markt verkauft werden können.

Wer das erkannt hat, dem wird der ganze selbstmörderische Wahnsinn unseres Systems deutlich. Denn auf diese Weise wird letztlich alles in Kapital umgewandelt. Wir verbrauchen unsere natürlichen Lebensgrundlagen und erhalten dafür Geld. Wir zerstören unsere Gesundheit und erhalten dafür Geld. Wir machen unseren Lebensraum ständig ein wenig unbewohnbarer und erhalten dafür Geld. Mit anderen Worten: Umweltverschmutzung, Ressourcenverbrauch, Ausbeutung und die Wegwerfgesellschaft sind nicht unschöne Nebenwirkungen eines an sich funktionierenden Systems, sondern dessen Motor. Genau dadurch geschieht paradoxerweise Wertschöpfung. Wir leben nämlich in einem System, in dem eine Wüste aus Beton, Glas, Plastik und Metall wertvoller ist als Wald, Wiese oder Ackerfläche. Wer sich das bewusst macht, wundert sich kaum noch über die immer weiter fortschreitende Vernichtung natürlichen Lebensraumes.

Machen wir es an einem Beispiel deutlich: Wer zur Arbeit läuft, gefährdet salopp gesagt den Aufschwung. Bei körperlicher Betätigung entsteht nämlich keine Wertschöpfung, sieht man einmal von dem geringen Kalorienverbrauch ab, der durch Nahrungsmittel ersetzt werden muss. Nimmt man dagegen das Auto, werden zwar eine Menge natürlicher Ressourcen verbrannt und kurz- oder langfristig in Umweltverschmutzung umgewandelt, allerdings geschieht gerade dadurch eine Wertschöpfung. An jedem Auto hängen schließlich Arbeitsplätze, nicht nur in der Automobil- und Zulieferindustrie, sondern auch im Bergbau (irgendwo müssen die Rohstoffe ja herkommen), in der Ölindustrie, beim Straßenbau usw. Selbst die Beseitigung der durch das Auto verursachten Umweltschäden ist eine Wertschöpfung, denn auch dabei wird Geld verdient, ebenso natürlich bei der Entsorgung des ausgedienten Fahrzeuges.

In der Logik des Systems ist die Wertschöpfung zudem umso größer, je größer die Differenz zwischen dem Preis des Anfangsproduktes und dem des Endproduktes ist. In der Praxis bedeutet das, dass die Aufarbeitung eines Gebrauchtwagens zwar eine gewisse Wertschöpfung darstellt (schließlich kann man ihn nachher für einen höheren Preis verkaufen), gesamtwirtschaftlich gesehen ist es jedoch „sinnvoller", ein neues Auto sozusagen aus dem „Nichts" bisher ungeförderter Ressourcen herzustellen. Bis aus dem Erz in einem Berg und anderen Rohstoffen ein Auto geworden ist, ist an unzähligen Arbeitsplätzen sehr viel verdient worden. Wird der Gebrauchtwagen zudem nicht nur nicht aufgearbeitet, sondern verschrottet, geschieht eine weitere Wertschöpfung in Form von Arbeitsplätzen. Innerhalb unseres Systems sollten die Menschen daher nicht nur Autos benutzen, sondern ihre Fahrzeuge auch möglichst häufig entsorgen und durch neue ersetzen.

Wenn die Wirtschaft und damit die Renditen wachsen sollen, müssen deshalb der Ressourcenverbrauch und die Wegwerfgesellschaft nicht nur ungehindert weitergehen, sondern sich sogar kontinuierlich auf weitere Bereiche ausdehnen. Gesamtgesellschaftlich gesehen hat unser Problem mit dem Zuviel genau hier seine Grundlage. Unser System ist eine *Konsum*gesellschaft, die darauf aufbaut, dass Güter konsumiert, also vernichtet werden, denn genau dadurch geschieht letzten Endes Wertschöpfung. Entsprechend oft wird von Politikern und Experten der private Konsum als Allheilmittel für wirtschaftliche Probleme empfohlen.

* * *

Damit sind wir jedoch an einem heiklen Punkt. Denn auf den ersten Blick müsste der private Konsum längst gesättigt sein. Sieht man einmal von echten Verbrauchsgütern wie Lebensmitteln oder Kleidung ab, sind die meisten Produkte mittlerweile dermaßen langlebig, dass unsere Wirtschaft zusammenbräche, falls alles erst dann ersetzt würde, wenn es unbrauchbar geworden ist. Wenn unser System daher nicht nur weiterbestehen, sondern sich auch ausdehnen soll (was es muss, sonst gäbe es keinen Gewinn und auch keine Einkommenssteigerungen), müssen zwingend Anreize zum Konsum geschaffen werden, die über die bloße Bedürfnisbefriedigung hinausgehen. Ziel ist dabei, das Interesse der Kunden auf die Produkte mit der höchsten Wertschöpfung zu lenken, denn nicht nur gesamtwirtschaftlich, sondern auch in Hinblick auf die Rendite des eingesetzten Kapitals ist es besser, wenn wir aufwendig verpackte Mikrowellen-Fertiggerichte essen anstatt Gemüse von einem Bauernhof aus der Nachbarschaft frisch zuzubereiten.

Dasselbe Prinzip gilt natürlich auch für andere Bereiche. Wir sollen nicht nur alle paar Jahre ein neues Auto kaufen, sondern auch den Computer immer auf dem neusten Stand halten, bei Kleidung mit der Mode gehen, unsere in die Jahre gekommenen Möbel durch moderne, die alte Einbauküche durch eine von einem angesagten Designer ersetzen. An sich primitive körperliche Tätigkeiten wie das Rechen von Laub oder das Öffnen einer Dose sollen durch komplizierte technische Geräte mit einem gewissen Energieverbrauch erledigt werden. Auch Bewegung soll am besten nur noch mit technischen Hilfsmitteln geschehen, also entweder im Auto, Zug oder Flugzeug oder aber auf dem Hometrainer bzw. im Fitnessstudio. Das Gleiche gilt natürlich für die Erholung. Der Spaziergang ist out, Multimedia-

Entertainment ist angesagt, ergänzt durch diverse teure Trendsportarten. Selbst im Bereich der Kreativität hält die Wertschöpfung Einzug: Man malt heute nicht mehr einfach Bilder, sondern erstellt sie am Computer mit der entsprechenden Software.

Damit wir das alles tun, gibt es Werbung, die in unserer Gesellschaft mittlerweile so präsent ist, dass sie uns kaum noch auffällt. Interessant ist es auch hier wieder den Weg des Geldes zu verfolgen. Werbung ist ein Milliardengeschäft. Und da Kapital nur dort investiert wird, wo eine Rendite zu erwarten ist, können wir davon ausgehen, dass zumindest ein großer Teil des eingesetzten Geldes der Wertschöpfung dient – oder um es anders auszudrücken: uns dazu bringt, ein Produkt zu kaufen, das wir ohne Werbung nicht erworben hätten.

Insofern ist es aufschlussreich, sich einmal die Wirkungsweise von Werbung näher anzuschauen: Nach der Theorie der Marktwirtschaft handelt es sich ja bei Reklame zunächst einmal um eine Kundeninformation. Die potentiellen Käufer eines Produktes sollen auf dessen Vorzüge hingewiesen und damit zum Kauf animiert werden. Soweit die Theorie. In der Praxis sind viele Werbeaufdrucke freilich eher Fehlinformationen. Auf Lebensmittelverpackungen etwa wird uns in der Regel eine dörfliche Idylle mit pickenden Hühnern und grasenden Kühen vor Augen gemalt, die der Wirklichkeit der industriellen Landwirtschaft in keiner Weise entspricht. Wären jedoch Bilder von den engen Käfigen der Legehennen zu sehen, würden wir die Eier ebenso wenig kaufen wie das Fleisch von Tieren, die in Großmastbetrieben nie die Sonne sehen.

Mit dem Vorgaukeln einer heilen Welt ist es freilich noch nicht getan. Die meiste Werbung hat vielmehr mit dem eigentlichen Produkt so wenig zu tun, dass wir die beworbene Ware unter Umständen nur auf den zweiten Blick erkennen können. Erst durch die Wiederholung assoziieren wir Cowboys und Pferde mit Zigaretten oder Menschen in weißen Kleidern mit einem bestimmten Konfekt. Soviel ist jedenfalls deutlich: In den seltensten Fällen wird wirklich das Produkt beworben (und damit verkauft). Im Zentrum der Werbung stehen vielmehr Werte, die eigentlich gar nicht käuflich sind.

Geworben wird mit Glück, Liebe, Jugend, Freiheit, Status und Ähnlichem.

Damit sind wir jedoch in einem Feld, das klassisch durch Weltanschauungen und Religionen besetzt ist. Hier geht es um transzendente Werte, also um Sinnfragen, um gelingendes Leben. Die Werbung verbindet nun das Produkt mit diesen Sinnfragen, indem sie darstellt, wie der Erwerb der Ware zu einer Antwort auf die Sinnfragen beiträgt. Dann fällt einem die Frau freudestrahlend um den Hals, der Mann kommt früher nach Hause und spielt mit den Kindern, die Schwiegermutter nörgelt nicht mehr, die eigene sexuelle Anziehungskraft wird enorm gesteigert, die Kollegen werden neidisch, Freunde stellen sich ein usw.

Entscheidend für die Werbung in der Konsumgesellschaft ist nun, dass der transzendente Wert nicht mehr mit dem Produkt an sich, sondern mit seinem *Erwerb* verbunden wird. Denn schließlich geschieht durch das Kaufen die Wertschöpfung, das Besitzen bringt der Wirtschaft dagegen nichts. In unserer Gesellschaft rückt das Haben damit immer mehr an den Rand und statt dessen das Kaufen in den Mittelpunkt. In den „Konsumtempeln" großer Malls oder Kaufhäuser ist das Shopping selbst ein Erlebnis. Einkaufen wird zur Freizeitbeschäftigung. Und in einer Welt, in der der Preis einer Ware oder Dienstleistung tatsächlich den einzigen Wertmaßstab darstellt, ist die Schnäppchenjagd auch wirklich sinngebend. Hier vollzieht nämlich der Einzelne den gesamtgesellschaftlichen Trend zur Profitmaximierung nach. Auf diese Weise kann er paradoxerweise mehr „sparen", wenn er einen Gegenstand nach langer Internetrecherche 20% unter dem Ladenpreis erwerben kann, als wenn er den Betrag auf einem Tagesgeldkonto oder in einem Fond angelegt hätte, wo die Verzinsung im einstelligen Bereich geblieben wäre.

* * *

Die mit der Werbung verbundene spirituelle Aufwertung der Produkte funktioniert vor allem deshalb so gut, weil sie bei uns Konsumenten auf eine entsprechende spirituelle Leere trifft. In unseren von der Natur entfremdeten Lebens- und Arbeitsprozessen, in denen Geld als einziger Wertmaßstab übrig geblieben ist, sind uns die Antworten auf die Sinnfragen des Lebens tatsächlich weitgehend abhanden gekommen. Weil wir nichts mehr selbst produzieren, haben wir auch nichts, worauf wir wirklich stolz sein können. Mit der Massenproduktion verliert unser Leben zudem zwangsläufig an Individualität, weil nicht nur unsere Kleidung, sondern auch unsere Wohnungseinrichtung, unsere Freizeitgeräte und alles andere, was wir benutzen, nicht mehr einzigartig sind, sondern millionenfach existieren. In diesem Sinne besitzen wir nichts Eigenes mehr, sondern nur noch Erworbenes, was jeder andere ebenfalls kaufen kann, wenn er den entsprechenden Preis bezahlt. Wirkliche Individualität ist damit extrem selten geworden, was sie nach der Logik der Marktwirtschaft zu einer heißbegehrten Ware macht.

Erfolgreiche Werbung setzt genau hier ein, indem sie uns Möglichkeiten zur Individualität aufzeigt. Durch den Erwerb von Waren können wir uns nämlich auf zweierlei Weise von anderen absetzen: Die Einkommensstärkeren können Dinge kaufen, die sich andere (noch) nicht leisten können. Hier ist mit dem Erwerb also eine Bestätigung des eigenen Status verbunden, mit dem man sich von der Masse abheben möchte. Geschieht der Kauf auf Kredit, beinhaltet er unter Umständen sogar eine (zumindest nach außen so scheinende) Statusaufwertung.[16] Wer nicht genug Geld hat sich mit Luxusartikeln einzudecken, kann Individualität immerhin durch einen schnellen Kauf erreichen. Wer heute schon die Mode trägt, die erst in wenigen Wochen auf den Massenmarkt durchdringen wird, gilt ebenso

16 Hier liegt sicher auch einer der Gründe für das Phänomen, dass die individuelle Verschuldung innerhalb unserer Wohlstandsgesellschaft ansteigt. Wer von dem in der Konsumgesellschaft mit bestimmten Produkten verbundenen Statusgewinn profitieren will, muss die entsprechende Ware nämlich nicht besitzen, sondern nur konsumieren. Indem wir uns an das Steuer eines Luxusautos setzen, steigt unser Status in den Augen der anderen Verkehrsteilnehmer, ob der Wagen nun uns gehört oder nicht. Nicht nur in diesem Bereich bietet die Konsumgesellschaft deshalb unzählige Möglichkeiten, das Produkt zu nutzen, ohne es im eigentlichen Sinne zu besitzen, vom Ratenkauf über Leasing bis hin zu Autovermietungen, bei denen man mittlerweile auch für ein paar Stunden zum Ferrari-Fahrer mutieren kann. Dasselbe Phänomen zeigt sich auch bei anderen mit Statusgewinn verbundenen Produkten wie Markenkleidung, Handys, Computern und Ähnlichem.

als „Trendsetter" wie der Besitzer eines neuen Handys, das noch nicht überall angeboten wird.

Wenn Individualität und Sinngebung auf diese Weise aber zur käuflichen Ware werden, haben sie auch Einfluss auf die Preisgestaltung des Produktes bzw. können durch eine entsprechende Preisgestaltung gesteuert werden. Luxuslabel sind damit oft kaum noch eine Frage der Qualität, sondern vor allem der mit ihnen verbundenen Statusdefinition. Der Konsument bezahlt also nicht in erster Linie für das erworbene Produkt, sondern vor allem für die Tatsache, dass es sich andere aufgrund des hohen Preises nicht leisten können.[17] In ähnlicher Weise werden Trends gestaltet, wobei hier durch die künstliche Verknappung („Limited edition") eines Gutes hohe Anfangspreise erzielt werden können. Ist der Massenmarkt erst einmal erreicht, fällt der Preis der Ware entsprechend, während ein teures Nachfolgemodell mit einer ähnlichen Strategie nachgeschoben werden kann.

Zusammen mit der Individualität wird auch Identität vermarktet. Denn in diesem Bereich leben wir ebenfalls in einem Vakuum. Weil die Konsumgesellschaft auf Massenproduktion aufbaut, ist praktisch alles austauschbar geworden. Lokale Traditionen verschwinden ebenso wie regionale Besonderheiten. Moderne Großstädte sehen überall auf der Welt gleich aus, in ihren Restaurants gibt es das gleiche Essen, ihre Läden verkaufen die gleiche Mode, in den Kinos laufen dieselben Filme. Nur ein scheinbarer Gegentrend gegen die große Vereinheitlichung der Globalisierung ist das Aufkommen von bisher nicht dagewesener kultureller Vielfalt an einem Ort. In einer deutschen Stadt kann man heute tatsächlich thailändisch, indisch, mexikanisch oder australisch essen gehen. Diese Vielfalt ist jedoch überall gleichermaßen zu finden, was dazu führt,

17 Interessant ist in diesem Zusammenhang das Phänomen des „Massenluxus", bei dem „Premium"-Marken eine „Billig"-Linie herausgeben, die sich auch die Angehörigen der Mittelschicht leisten können. Trotz der Gefahr, dass dabei das (für die meisten mit unbezahlbarem Luxus verbundene) Markenimage verloren gehen könnte, zahlt sich diese Strategie aus. Denn sie bietet einerseits Menschen aus der Mittelschicht eine Möglichkeit, sich durch den Erwerb teurer Produkte (scheinbar) von ihresgleichen abzusetzen, andererseits erhöht sie den Druck auf die Oberschicht, nun durch (noch teurere) Luxuskäufe den Abstand wieder herzustellen.

dass die Region trotzdem verschwindet. Wer kennt heute noch ein typisch hessisches Gericht? Und ist eine Pizza „Vier Jahreszeiten“ tatsächlich italienisch?[18]

Die mit der Vielfalt einhergehende Multioptionsgesellschaft löst zwangsläufig eine Identitätskrise aus, weil in ihr keine Entscheidung mehr vorgegeben ist, sondern durch Wahl selbst getroffen werden muss. Gleichzeitig fehlen mit dem Verschwinden der bindenden Traditionen die Entscheidungskriterien. Wir wissen schlichtweg nicht mehr, wie sich Angehörige unserer Schicht, unserer Berufsstandes, unserer Region, unserer Altersgruppe usw. „normalerweise“ verhalten, weil es den Normalzustand nicht mehr gibt. So sind wir gezwungen uns durch unsere Kaufentscheidungen ständig neu zu erfinden und damit unsere Identität immer wieder festzulegen. Wie der Werbespruch eines zum Gemischtwarenladen mutierten Kaffeerösters, „Jede Woche eine neue Welt!“, deutlich macht, handelt es sich bei der Identität in unserer von ständig neuen Trends geprägten Zeit um ein fragiles Gut, dessen Halbwertszeit nur kurz ist. Was heute „in“ ist, wird morgen mit Sicherheit „out“ sein.

Interessant ist, wie schnell in diesem Zusammenhang selbst scheinbar konsumfeindliche Strömungen konsumiert werden. Auch die „Rebellion gegen das System“ lässt sich vermarkten, weil sie alle Ansätze dazu in sich trägt: Sie bietet eine Chance zur Individualität und eine Identifikationsmöglichkeit. Letztere besteht allerdings nur für kurze Zeit, denn sowie das „System“ mit seinen Marktmechanismen einen Trend aufgegriffen hat, muss sich ein „echter“ Rebell anderem zuwenden. Damit aber verhält er sich prinzipiell nicht anders als der oben beschriebene systemkonforme Mensch, auch seine Identität ist also variabel und muss ständig neu definiert werden. Und wenn er dann noch seiner „Rebellion“ durch den Kauf entsprechen-

18 Typisch für unsere globalisierte Welt ist deshalb gerade das „Pseudo-Multikulti“. So bietet ein Pizzaservice oft neben Pizza und Nudelgerichten auch Wiener Schnitzel, Gyros, Döner und chinesisches Essen an – womit etwa der Döner seinen Status als nach islamischen Speisegeboten zubereitetes Gericht verliert, weil er im Angebot beliebig mit kultisch unreinen Produkten wie Schweinefleisch verbunden werden kann. In ähnlicher Weise erleben wir auch anderswo die weltweite Vermarktung scheinbar lokaler Traditionen, von indianischen Dreamcatchern über keltische Runen hin zu chinesischen Schriftzeichen.

der Produkte Ausdruck verleiht, ist er der beste Konsument, den sich das „System“ wünschen kann.

Betrachtet man die Konsumgesellschaft nun auf geistlicher Ebene, haben wir es in ihr mit einem interessanten Gebilde zu tun. Unsere Welt ist nicht so materialistisch, wie sie auf den ersten Blick scheinen mag. Im Mittelpunkt des Interesses steht nämlich nicht das Haben, sondern das Erwerben. Die materiellen Güter sind dabei nur Durchgangsstationen auf der Suche nach Sinn, Identität und Individualität. Sie begleiten uns für eine kurze Zeit, so lange, wie sie uns die entsprechenden transzendenten Werte vermitteln. Dann aber werden sie im wahrsten Sinne des Wortes wertlos für uns, wir stoßen sie ab und schauen uns nach Neuem um. Grundlegend für unser System ist dabei, dass die Suche generell diffus und ziellos bleibt. Wir dürfen niemals ankommen, niemals zufrieden sein, niemals wirklich Sinn finden. Der Weg selbst ist vielmehr das Ziel, jedenfalls so lange er uns an den Kassen der Kaufhäuser und Shoppingcenter vorbei führt.

Heimat: Vom Wohlfühlen und Fremdsein

Damit kommen wir zu einem entscheidenden Punkt, der Frage nach der Heimat. Traditionell gehörten dazu verschiedene Gegebenheiten: Das Heimatgefühl war lokal geprägt, es hatte mit der Landschaft zu tun, in der einer schon sein Leben lang gelebt hat. Dabei geht es um wesentlich mehr als den bloßen Anblick, Heimat war auch die Vertrautheit mit Tieren und Pflanzen, Wetterverhältnissen und Ähnlichem. Lokal war die Sprache, oft ein bestimmter Dialekt, der nur in der engeren Umgebung gesprochen wurde. Baustile, Trachten und so weiter ergänzten das Bild.

Die ganze Breite dessen, was Heimat bedeutet, ist damit freilich noch nicht erfasst.[19] Heimatliebe ist das Zugehörigkeitsgefühl zu einer bestimmten, von sonstigen Lebensentwürfen klar abgrenzbaren Kultur, die mit anderen geteilt wird. Diese Kultur baut auf einer gemeinsamen Geschichte auf, die durch verschiedene kleine Geschich-

19 Vgl. zum Heimatbegriff: Steven Bouma-Prediger und Brian J. Walsh: *Beyond Homelessness. Christian Faith in a Culture of Displacement*, Grand Rapids (USA)/ Cambridge (UK) 2008, S. 56-67.

ten immer wieder erzählt und weitergegeben wird. Zur Heimat gehört folglich die Generationen überschreitende Gemeinschaft, die Großfamilie, das Dorf, in dem man sich durch gemeinsame Rituale und Festlichkeiten der gemeinsamen Herkunft versichert. Die Heimat bildet damit das Zentrum des Orientierungssinnes, weswegen ein Verlust der Heimat zur Orientierungslosigkeit führen kann. Schließlich vergleichen wir ganz automatisch alles mit dem, was wir als Heimat kennen. Gerade deshalb äußert sich auch die Erfahrung der Fremde als Heimweh, als Sehnsucht nach dem Ort, an dem alles so ist, wie es unserer Meinung nach sein sollte.

Betrachten wir vor diesem Hintergrund unser Leben zu Beginn des 21. Jahrhunderts, ist diese Form von Heimat weitgehend verloren gegangen. Die Dörfer sind Schlafplätze für die großen Städte geworden, deren Erscheinungsbild wiederum ist austauschbar. Einen typisch regionalen Baustil gibt es praktisch nicht mehr, wo er auftaucht, steht er für Uneingeweihte kaum erkennbar zwischen anderen, die eigentlich nicht dorthin gehören. Durch die zunehmende Individualisierung der Gesellschaft werden auch Gemeinschaften zum Durchgangsstadium. Dass einer sein ganzes Leben mit denselben Menschen an einem Ort verbringt, ist mittlerweile die große Ausnahme. Sehr viel häufiger wechselt das Umfeld mit jedem Schulwechsel, mit der Ausbildung, mit den Arbeitsstellen. Selbst die, die in ihrem Elternhaus alt werden, müssen sich daher an wechselnde Nachbarn gewöhnen.

Mit jedem Wohnortwechsel geht jedoch auch ein Stück Heimat verloren. Weil wir nicht mehr tief verwurzelt sind, können wir zwar leicht umgetopft werden; zur Heimat wird der jeweilige Wohnort dadurch freilich kaum noch, oft wissen wir von ihm nicht mehr als ein Tourist innerhalb kürzester Zeit ebenfalls in Erfahrung bringen könnte. Wir kennen die Einkaufsmöglichkeiten und die Schulen, aber wir kennen weder Land noch Leute. Heimat ist dadurch kein permanenter Ort mehr, sondern nur noch ein Durchgangsstadium. Wir haben keine Elternhäuser mehr, in denen Verwandte auf uns warten, sondern nur noch vereinzelte Erinnerungen: den Schrank der Großeltern, der nun das vierte Schlafzimmer ziert, das Familienfoto aus den Zwanzigerjahren, die Aussteuertruhe, die nun den Landhausstil unterstreicht.

Ebenso sind von den Beziehungen nur noch Reste geblieben. Sagte man früher, man brauche ein Dorf um ein Kind großzuziehen,[20] ist dieses Dorf heute längst nicht mehr vorhanden. Aus der Großfamilie mit drei Generationen unter einem Dach ist die Kleinfamilie von Mutter, Vater und Kindern geworden, die bei Alleinerziehenden, Paaren und Singles sogar noch einmal verkleinert ist. Kaum einer von ihnen verbringt zudem seine Zeit zu Hause. Die Trennung von Wohnort und Arbeitsstätte führt vielmehr dazu, dass nicht nur Partner die meiste Zeit des Tages ganz unterschiedliche Leben mit getrennten Bekanntenkreisen führen, auch für die Kinder, die in Horten und Ganztagsschulen heranwachsen, wechseln die Bezugspersonen immer wieder. Schließlich ist die Nachbarschaft längst so anonym geworden, dass es eher Achselzucken als Verwunderung auslöst, wenn wir von Menschen hören, die erst Wochen nach ihrem Tod in ihren Wohnungen gefunden wurden. Wir wissen kaum noch, was hinter den Türen der Nachbarwohnungen passiert, ja oft kennen wir noch nicht einmal die Nachbarn beim Namen.

Typisch für den Zustand der Beziehungen in unserer Konsumwelt ist vielleicht das Callcenter, das zunehmend die Verbindung von Kunden und Anbietern bestimmt. Unsere Großeltern können sich noch an den Elektroladen erinnern, in dem sie ihre Waschmaschine gekauft haben. Als sie nach anderthalb Jahren erste Mängel aufwies, ging man hin und verhandelte mit dem Ladenbesitzer, wie der Schaden behoben werden könnte und vor allem, wer die Rechnung bezahlen sollte. Weil der Besitzer unsere Großeltern als Kunden nicht verlieren wollte, wurde man sich irgendwann einig, dass trotz Ablauf der Garantie das Gerät „auf Kulanz" kostenlos repariert werde. In dieser Kultur hätte das Callcenter keine Chance gehabt, niemand wäre auf den Gedanken zu kommen, eines einzurichten. Es wäre zu unpersönlich gewesen, zu weit weg vom Kunden.

Die nächste Waschmaschine wurde allerdings schon in einem

20 So lautet ein englisches Sprichwort: *It takes a village to raise a child.*

„Fachmarkt" gekauft, zu einem Preis weit unter dem des Elektroladens. Eine Beratung, die diesen Namen verdient hätte, gab es nicht, bei mehrmaligen Besuchen traf man statt dessen immer wieder einen anderen Verkäufer, der in der Regel nicht mehr wusste als jeder, der sich die Werbebroschüren der Waschmaschinenhersteller durchgelesen hatte. Kulanz war nicht zu erwarten, und auch Garantieleistungen konnte man nur unter Vorlage des Kassenbons einfordern. Der Fachmarkt war damit ein Schritt in die Anonymität. Die Beziehung zwischen Verkäufer und Kunde war auf das notwendige Minimum beschränkt, Vertrauen konnte also, wenn überhaupt, nur noch zu der Marktkette aufgebaut werden, nicht jedoch zu den dort Beschäftigten.

Dann kam das Callcenter. Wer im Internet bestellt, hat es gar nicht mehr mit einem Laden im eigentlichen Sinne zu tun. Ein Verkaufsraum existiert nicht, dafür aber eine Hotline, die sich als perfekte Möglichkeit erweist, um dem Unternehmen Beschwerden und damit auch unzufriedene Kunden vom Leib zu halten. In der Welt der stundenlangen Dudelmusik („Bitte haben Sie einen Augenblick Geduld. Im Moment sind alle unsere Serviceplätze besetzt.") und computergenerierten Menüs („Wenn Sie eine Frage zu unseren Produkten haben, wählen Sie die 4."), wird man zudem nie zweimal mit demselben Mitarbeiter verbunden. Das erschwert nicht nur die Fehlersuche, weil man sein Problem sowie die bisher probierten Lösungsansätze immer wieder aufs Neue schildern muss, es führt letztlich auch zur Beziehungslosigkeit. Nicht nur der Verkäufer, sondern auch das Unternehmen selbst sind im wahrsten Sinne des Wortes nicht mehr greifbar, vor allem dann nicht, wenn das Callcenter auch nur ein Dienstleistungsbetrieb ist, der von dem eigentlichen Händler mit der Abwicklung von Kundenkontakten betraut wurde.

Wie sehr sich der Heimatbegriff in den letzten Jahrzehnten gewandelt hat, wird auch an der Festkultur deutlich. Oktoberfeste, früher eine ausschließlich Münchner Angelegenheit, gibt es heutzutage nahezu überall. Selbst in Norddeutschland findet man Reklametafeln mit Maßkrügen und Dirndln, die auf entsprechende Veranstaltungen vor Ort hinweisen, unter Umständen sogar noch mit Worten wie „traditionelles Oktoberfest“. Wer als Fremder nach Deutschland kommt und nichts über den Herkunftsort dieses Brauchtums weiß, wird daher weder erkennen können, wo die Oktoberfeste „eigentlich“ zu Hause sind, noch dass es sich beim Dirndl „eigentlich“ um eine regionale bayrische Tracht handelt, nicht etwa um eine deutsche (oder gar mitteleuropäische, schließlich wirbt auch eine große belgische Brauerei in Großbritannien mit Dirndl tragenden Mädchen). „Eigentlich“ steht dabei aus gutem Grund in Anführungszeichen, denn es fällt schwer zu definieren, was nun das Eigentliche ausmacht. Mit welchem Recht behauptet etwa eine Münchner Großveranstaltung, die in ihrer skrupellosen Kommerzialisierung ja auch nur noch wenig mit dem ursprünglichen Charakter des Festes zu tun hat, überhaupt einen Vorrang vor anderen? Warum sollte ausgerechnet der Ort bewahrt werden, wo doch alles andere dem Kommerz und Konsum unterworfen wurde?

* * *

Mit dem Verschwinden der Traditionen bzw. ihrer Kommerzialisierung, mit dem Ende von Gemeinschaft als vorgegebener Größe verliert die Heimat als solche ihre Identität. Heimat wird zu einem Begriff für den Platz, an dem wir uns im Augenblick wohlfühlen, und ist damit grundsätzlich veränderbar. Auf diese Weise hört sie jedoch zwangsläufig auf, identitätsstiftend zu sein. Sie kann es gar nicht, weil sie nicht mehr vorgegeben, sondern wie alles andere unserer Wahl unterworfen ist. Mit der Heimat wird allerdings auch jede Tradition zu einer bloßen Option, die wir wählen oder verwerfen können. Typisch für unsere Zeit ist deshalb das Patchwork, bei dem aus verschiedenen Versatzstücken eine individuelle Version von Heimat „zusammengebastelt“ wird. Diese Heimat ist jedoch zwangsläufig virtuell, weil sie keiner von anderen ebenso wahrgenommenen Realität entspricht, sondern nur in unseren Köpfen existiert, wo sie immer wieder neu geschaffen und verändert wird.

Dem Verlust echter Heimat entspricht das Aufgeben echter Gemeinschaft. Weil es in der Konsumgesellschaft keine Traditionen gibt, gehört auch niemand von sich aus zu irgendeiner Gruppe dazu, vielmehr muss man seine Zugehörigkeit durch entsprechende Kaufentscheidungen immer wieder neu definieren. Zugleich erlebt jeder in einer Massengesellschaft die mit der Identitätsproblematik verbundene Austauschbarkeit, die mittlerweile nicht nur die Arbeitswelt prägt, sondern auch in den Bereich der Beziehungen übergegriffen hat. Weil nichts vorgegeben, sondern alles einer kontinuierlichen Wahl unterworfen ist, treten an die Stelle der Gemeinschaft der „*tribe*“ und die „*community*“, also lose Zusammenschlüsse von Menschen, die in bestimmten Bereichen ähnliche Konsumentscheidungen getroffen haben. Solche Zusammenschlüsse können sehr vielfältig sein, sie reichen vom in seiner Mitgliedschaft klar definierten Auto-Fahrer-Club über das „In“-Gefühl, mit dem sich Träger bestimmter Markenkleidung untereinander identifizieren, bis hin zur „Szene“, die zum Beispiel die Benutzer von Apple-Computern verbindet. Gerade an Apple kann man gut studieren, wie Großkonzerne die „*community*“ sehr geschickt als Marketinginstrument nutzen, um über ein „Wir“-Gefühl nicht nur einzelne Produkte, sondern jeweils die ganze Angebotspalette den individuellen Konsumenten zu verkaufen.

Die „*communities*“ sind freilich keine wirklichen Gemeinschaften, keine sozialen Netze, in denen man aufgefangen wird, keine Traditionen, die einen prägen. Sie beschreiben weder unsere Herkunft noch unser Ziel. Vielmehr sind sie nichts weiter als Stationen auf einem Weg, der nur von einer „*community*“ in die nächste führt. Wie alles andere werden sie ebenfalls gewählt, konsumiert und zurückgelassen, je nachdem.[21]

Wie die Heimat sind allerdings auch die „*communities*“ in der Regel virtuell. Man fühlt sich untereinander verbunden, hat aber jenseits bestimmter Kaufentscheidungen nichts gemeinsam. Die meisten Menschen gehören deshalb mehreren unterschiedlichen „*communi-*

21 Man spricht in diesem Zusammenhang auch von der „*placeless society*“, der „ortlosen Gesellschaft“, in der „Staaten und Sozialgefüge bedeutungslos werden oder sogar zu verschwinden drohen – man denke etwa an das allmähliche Verlöschen der ganz ‚normalen' mitteleuropäischen Kleinfamilie“ (Christian Ruch: Von der „Weltkommunikation“ zur „Community“. Warum leben wir in einem „Land voller Propheten“?; in: Materialdienst der Evangelischen Zentralstelle für Weltanschauungsfragen 9/08, S. 323-331, hier S. 324).

ties" an, weswegen je nach Situation mal die eine, mal die andere im Vordergrund steht. Durch das Internet lässt sich zudem Virtuelles und Reales miteinander verbinden. In der weiten Welt der Foren und Blogs entstehen „*communities*" von Menschen, die miteinander kommunizieren, aber nie von Angesicht zu Angesicht miteinander zu tun haben.

Gerade das Internet führt darüber hinaus in eine weitere Ausweitung der mit den „*communities*" verbundenen Identitätsprobleme. Hier kann man nicht nur Identitäten „ausprobieren", die man im „wahren Leben" niemals annehmen kann. Hier können Identitäten auch gewechselt, aufgegeben und miteinander kombiniert werden. Weil uns in den Foren und Blogs keiner wirklich nahesteht, können wir freilich nicht nur von heute auf morgen sang- und klanglos verschwinden, wir sind auch gezwungen, unsere Gegenwart und die mit ihr verbundene Identität immer wieder neu unter Beweis zu stellen.

Durch die Anonymität sowohl der Konsumgesellschaft wie auch insbesondere des Internets lassen sich zudem mehrere einander widersprechende Identitäten gleichzeitig leben. Die Konsumgesellschaft verlangt schließlich kein Gesamtkonzept, keinen Lebensentwurf, sondern nur eine Abfolge von Momententscheidungen. Die ohnehin schon äußerst schwierige Identitätsfindung wird damit noch weiter erschwert, weil es zunehmend unklarer wird, wer wir nun „eigentlich" sind.

In der Logik der Konsumgesellschaft ist das gewollt. Wie Sinn ist auch Heimat etwas, was ein Konsument nie besitzen darf, sondern vielmehr jeden Tag aufs Neue erwerben muss. Schließlich darf er niemals irgendwo „ankommen", nie zufrieden sein, sonst würde er die Suche, die ihn immer wieder neu in den Konsum treibt, eines Tages aufgeben. Der Verlust von Identität und Gemeinschaft ist damit ebenso gewollt wie das Verschwinden von Traditionen und Heimat. Das Individuum soll sein Glück nirgendwo anders finden als im Kaufen.

* * *

Abschließend betrachtet erweist sich damit unser Konsumstreben als eine immerwährende Suche nach Identität und Heimat. Wir konsumieren, weil wir einen Platz haben wollen in der Welt, weil wir sicher wohnen und sein wollen, weil wir uns nach einem Wert sehnen, der über die momentane Wertanmutung hinausgeht. Spirituell gesehen handelt es sich in der Konsumgesellschaft also um eine Form des fortwährenden Kampfes des Lebens mit dem Tod. Denn Tod und Vergänglichkeit sind die eigentlichen Bedrohungen unseres Platzes in der Welt, unserer Identität, unserer Heimat und schließlich unseres Seins selbst. Wir wollen leben und sind in einer Welt, die uns das nur in sehr begrenztem Umfang erlaubt, bis sie es uns schließlich ganz entzieht. Diese Endlichkeit ist es, die wir durch unseren Konsum überwinden wollen, diese letzte Grenze wollen wir so weit wie möglich hinausschieben. Deshalb definieren wir uns immer wieder neu, deshalb sind wir so versessen auf Jugendlichkeit, Vitalität und Sicherheit. Wir wollen uns „einen Namen machen" (1. Mose 11,4), etwas sein, das bleibt.

Damit jedoch sind wir bei dem tiefen Dilemma hinter unserem Konsum: Was wir konsumieren, kann eben aus diesem Grund gerade nicht bleiben; mit etwas Vergänglichem können wir Vergängliche uns deshalb nicht zur Unvergänglichkeit aufwerten.[22] Das Leben bleibt daher auf lange Sicht ein aussichtsloser Kampf mit dem Tod, so sehr wir ihn auch aus unserem Leben zu verdrängen suchen. Gerade hier offenbart die Konsumgesellschaft jedoch ihre hässliche Fratze. In ihr haben Tod und Leiden nicht nur keinen Platz, sie sorgt durch ihre Verdrängung rundweg für ein sinnloses Leiden und einen wenig würdevollen Tod.

Dem grundlegenden Dilemma weichen wir damit jedoch nicht aus: Der Tod lässt sich nicht konsumieren, von ihm und seinem Vorboten, dem Leiden, werden wir vielmehr schließlich selbst konsu-

22 Interessant ist in diesem Zusammenhang die Warnung Jesu: „Seht zu und hütet euch vor aller Habgier; denn niemand lebt davon, dass er viele Güter hat" (Lukas 12,15). Hierauf folgt das Gleichnis vom reichen Kornbauern, der sich mit seinem Reichtum „Ruhe" für seine Seele schaffen wollte (Lukas 12,19). Das erweist sich jedoch als Illusion, weil auch das Leben des Kornbauern vergänglich bleibt (Lukas 12,20). Das macht deutlich, dass mit dem „Leben" in V. 15 tatsächlich zunächst das konkrete irdische Leben gemeint ist, nicht etwa irgendeine immaterielle Daseinsform nach dem Tod.

miert. Der Weg der Konsumgesellschaft, die in der Endlichkeit gegebene eigene Begrenztheit durch Maßlosigkeit zu überwinden, führt daher nicht zum Ziel. Denn Erfüllung hat nichts mit Anfüllen zu tun. Noch schlimmer ist, dass wir Tod und Leiden auf diese Weise nicht nur nicht besiegen, wir breiten beides im Gegenteil gerade aus. Unsere Maßlosigkeit ist ja die Ursache für den Mangel anderer, unser Glück ist durch ihr Leiden erkauft, unsere Sattheit durch ihren Hunger, unser Leben durch ihren Tod. In einer begrenzten Welt nehmen wir, was wir kriegen können, und nehmen es dadurch anderen weg, die es nötiger brauchen als wir selbst. Wir konsumieren die Welt in der Hoffnung, damit dem eigenen Konsumiertwerden zu entfliehen, bis wir schließlich doch aufgezehrt werden. Was wir jedoch hinterlassen, ist ein Feld der Verwüstung, in dem Hunger und Ausbeutung an der Tagesordnung sind, die natürlichen Grundlagen schwinden, die Arten sterben und das Klima bedroht ist.

Der Konsum der Spiritualität

Die Konsumgesellschaft wird von verschiedenen Polen bestimmt, aus deren Spannungen sie ihre Energie schöpft. Da ist zum einen die Spannung zwischen Freiheit und Unfreiheit. Wir befinden uns in der paradoxen Situation, in jedem Bereich des Lebens unzählige Wahlmöglichkeiten zu haben, aber keine echte Freiheit, weil wir weder kennen, was wir wählen, noch wissen, nach welchen Kriterien wir entscheiden sollen. Damit ist der Werbung ein weites Feld eröffnet, in dem sie den Wert der einzelnen Produkte jeweils neu definieren kann.

Dann gibt es die Spannung zwischen dem Einzelnen und der Masse. Individualität im Sinne einer Einzigartigkeit existiert in unserem Alltag nicht mehr. Güter wie Menschen erleben wir vielmehr als kaum unterscheidbare Massenphänomene. Entsprechend dürftig und oberflächlich sind alle Beziehungen, es sei denn, wir investieren bewusst (und privat) in sie. Weil wir jedoch alle bestrebt sind, uns aus der Masse als Individuen abzuheben, hält die Konsumgesellschaft verschiedene Kaufoptionen bereit, die uns Individualisierung (zumindest für eine kurze Zeit) versprechen.

Mit dieser Spannung verbunden ist die zwischen Austauschbarkeit und Identität. Weil alles in unserem Leben auf der eigenen Wahl zu beruhen scheint, ist auch alles gleichermaßen zufällig, auswechselbar und damit beliebig. Auch hier eröffnet uns die Konsumgesellschaft Möglichkeiten, mit deren Hilfe wir uns eine Identität erwerben können, indem sie die unterschiedlichen Subkulturen der Gesellschaft vermarktet.

Energie entsteht freilich nur aus Spannungen. Wir dürfen daher niemals wirklich frei werden, uns nie sicher als Individuum fühlen, uns zu keiner Zeit tatsächlich unserer Identität bewusst sein. Vielmehr sollen wir immer nur eine Ahnung davon bekommen, was sein könnte, wovon wir vielleicht nur einen Kauf entfernt sind. Es ist kein Zufall, dass in unserer Gesellschaft kaufen zur Sucht werden kann und zunehmend wird, denn hier zeigt sich die gleiche Problematik wie anderswo: Wir scheinen immer nur einen kleinen Schritt vom Eigentlichen entfernt zu sein.

Damit jedoch funktioniert das System unserer Konsumgesellschaft reibungslos, schließlich produziert es selbst die Spannungen, die es für sich nutzt. Es nimmt uns die Individualität durch die massenhafte Austauschbarkeit, um sie uns gleichzeitig als konsumfertige Massenware wieder zu verkaufen. Es nimmt uns die Identität durch die Normierung aller Lebensbereiche, um sie gleichzeitig in Form von neuen und teuren Produkten wieder auf den Markt zu bringen. Und schließlich nimmt es uns Heimat, Tradition und Gemeinschaft, um gegen eine entsprechende Bezahlung solche Bereiche wieder zu generieren.

Die Grundlage ist dabei überall dieselbe: Eine Wertschöpfung kann nur durch Geld geschehen. Dem Verkauf geht also notwendigerweise die große Entwertung voraus. So wie es Dinge und Menschen für das Konsumsystem erst gibt, wenn sie auf dem Markt mit einem bestimmten Preis in Erscheinung treten, existieren auch Werte wie Individualität, Identität usw. nur in einer vermarktbaren Form. Für sich genommen sind sie wertlos, erst wenn sie konsumiert werden können, erlangen sie eben dadurch einen Wert, dass man sie kaufen kann.

Die Frage ist nun, wie sich dieses Verständnis des Lebens auf das Christentum auswirkt. Mit den oben angesprochenen Feldern wie dem der Identität, der Individualität und Ähnlichem betrachten wir schließlich Sinnfragen und damit den Kernbereich jeder Religion. Insofern wäre es naiv zu glauben, dass ausgerechnet das Christentum, das im Laufe seiner zweitausendjährigen Geschichte vor der unreflektierten Übernahme herrschender Denksysteme nicht gefeit war, von dieser Entwicklung grundsätzlich ausgenommen sein sollte.

Im Gegenteil, gerade wenn wir den „Verkündigungsapparat" mancher evangelistischer Werke und Gemeinden betrachten, fällt schon dem flüchtigen Beobachter eine größere Nähe zum kapitalistischen Konsumgeschehen auf, als vielen lieb sein mag.[23] Das beginnt

23 Ich habe lange überlegt, ob ich an dieser und weiteren Stellen konkrete Beispiele aufführen sollte. Letzten Endes habe ich mich dagegen entschieden, weil nicht der Eindruck

oft schon mit einer an klassische Werbeprospekte erinnernden Sprache. Das Produkt ist freilich nicht irgendein Waschmittel, sondern der „Himmel", das „ewige Leben" oder schlichtweg „Glück und Erfüllung". Wie nicht wenige in solchen Veranstaltungen vorgetragene „Zeugnisse" vermuten lassen, geht es dabei im Wesentlichen um ein problem- und schmerzfreies Leben. Wird damit also der „Traum" der Konsumgesellschaft, ihre große (aber nie erfüllte) Verheißung, schlichtweg auf den christlichen Bereich übertragen?

Darüber hinaus scheuen wir oft nicht davor zurück, die „Erlösung" in der Sprache der Ökonomie an den Mann und die Frau zu bringen. Gott macht ein „Angebot", über das wir nachdenken sollten, weil es „etwas für uns" sein könnte. In nicht wenigen Veranstaltungen wird diese marktgerechte Verkündigung mit einem Ruf nach vorn und fest formulierten Übergabegebeten verknüpft. Auch das erinnert an geschäftliche Transaktionen, die wir von „Butterfahrten" und Ähnlichem kennen: Nach einigen auflockernden Einlagen und der ausführlichen Präsentation des Produktes durch einen werbetechnisch versierten Verkäufer werden die Kunden zum sofortigen Kauf aufgefordert. Ist diese Nähe nur Zufall, oder steckt tatsächlich ein konsumkonformes Verständnis des Christentums dahinter?

Damit dürfte deutlich geworden sein, dass sich das Problem der Konsumorientierung nicht auf den vergleichsweise engen Bereich der Kommerzialisierung beschränkt, den es, man möchte fast sagen: selbstverständlich, auch im Christentum gibt. So anstößig der Versuch auch sein mag, mit dem Wort Gottes Geschäfte zu machen (2. Korinther 2,17), die Kommerzialisierung bleibt immer nur ein Randphänomen, das allerdings auf ein Kernproblem hinweist, nämlich die Maßstäbe, an denen Werte festgemacht werden. Wie die Konsumgesellschaft ist auch das von ihr beeinflusste Christentum auf Zahlen fixiert, die wiederum zur Klärung von Statusfragen entscheidend sind. Eine zahlenmäßig große Gemeinde gilt in diesem Zusammenhang mehr als eine mit wenigen Mitgliedern; wer viele Spenden akquirieren kann, wird als erfolgreicher angesehen als einer,

---

entstehen soll, bestimmte Werke, Theologien oder Konfessionen seien anfälliger für eine konsumorientierte Spiritualität als andere.

der nur über wenig verfügt. Im Hintergrund steht damit eine Theologie, die ein Ausfluss der in der Konsumgesellschaft vorherrschenden Wachstumsideologie ist, nach der größer immer besser ist.

Handelt es sich dabei nur um die leider notwendige Anpassung an die Gegebenheiten der Umwelt, oder sind wir tatsächlich auf dem Weg, den Glauben der Bibel in eine konsumgerechte Form zu gießen – und ihn damit selbst zu konsumieren, das heißt vernichten?

Die Antwort auf diese Frage fällt nicht leicht, denn wie in der Gesellschaft haben wir es auch in unseren Gemeinden mit einem Phänomen zu tun, dem nicht einfach nachzuspüren ist. Schließlich hat nicht jeder, der ein Produkt auf den Markt bringt, dabei nur die eigenen Profitinteressen im Hinterkopf. Umgekehrt ist auch nicht jeder Verbraucher ein Konsument im oben beschriebenen Sinne, der sein Heil im Kaufen sucht. In der komplizierten Gemengelage unseres Marktgeschehens kann vielmehr dasselbe Produkt von den einen aufgrund einer rationalen Abwägung der eigenen Bedürfnislage erworben werden, von den anderen dagegen nur aus Statusgründen. Ein nahezu ausschließlich profitorientierter Verkäufer kann deshalb trotzdem sinnvolle Produkte anbieten, wenn sie zufällig auch gerade „hip" sind. Aus denselben Gründen kann freilich auch ein an sich sinnvolles Gut zur ressourcenfressenden Massenware werden.

Das gilt selbstverständlich auch für den christlichen Bereich. Nicht alles, was sich konsumieren lässt, wird schließlich auch zu diesem Zweck veranstaltet. Ebenso kann auch das „Angebot" konsumorientierter Gemeinden einzelnen Christen im geistlichen Wachstum helfen. Die folgenden Überlegungen können daher nicht mehr als ein Anstoß zur kritischen Selbstprüfung sein: Worin besteht die eigentliche Motivation unserer Arbeit? Geht es dabei tatsächlich um die Ausbreitung des Reiches Gottes oder eher um die Selbstbehauptung auf dem „religiösen Markt"? Und was erwarten wir von unseren Gemeinden und geistlichen Werken? Wollen wir vor allem konsumieren oder teilhaben?

Damit dürfte deutlich geworden sein, dass die Problematik des Konsumchristentums – wenn überhaupt! – nur wenig mit den bekannten konfessionellen oder theologischen Differenzen zu tun hat.

Es geht also nicht um Evangelische gegen Katholiken, Evangelikale versus Charismatiker, Konservative und Liberale, auch nicht um Moderne im Konflikt mit Postmodernen. Jede Gemeinschaft ist vielmehr prinzipiell in der Gefahr, aus der christlichen Botschaft eine an die Gegebenheiten der Konsumgesellschaft angepasste Ware zu machen.[24] Und als Kirche stehen wir damit gemeinsam ständig aufs Neue vor der Aufgabe, alles zu prüfen und das Gute zu behalten (1. Thessalonicher 5,21).

Freiheit: Wenn meine Entscheidung über allem steht

Wie bereits ganz zu Anfang beschrieben, beruht die Konsumgesellschaft auf zwei Fundamenten: der Individualität und der Freiheit. Im Zentrum steht dabei die Vorstellung, dass freie Individuen in einem Markt aufeinander treffen. Als Individuen tragen sie alle Anlagen in sich, die für ein gelingendes Leben notwendig sind. In aller Freiheit treffen sie sich trotzdem auf dem Markt, weil sie Bedürfnisse haben, die sie sich selbst nicht erfüllen können.

Das Zentrum der Markttheorie bildet also ein individualistisches Verständnis des Menschen. Damit wird gesagt, dass jeder von uns im Prinzip so leben könnte wie Robinson auf seiner Insel. Wir alle könn-

24 Dass es sich dabei nicht um ein Nischenphänomen handelt, von dem nur wenige betroffen sind, macht etwa das Buch von Daniel Radosh deutlich: *Rapture Ready! Adventures in the Parallel Universe of Christian Pop Culture*, New York (USA) 2008. Jenseits von „Jesus Junk", „Witness Wear", christlichen Bands, Festivals und Verlagen betrifft die Konsumorientierung und damit verbunden die Kommerzialisierung des Christentums alle Bereiche des Lebens. Besonders herausfordernd ist dabei, dass zunehmend auch Kerngebiete des Glaubens dem Konsumdenken unterworfen werden. Bibeln etwa erscheinen immer häufiger in auf einzelne Subkulturen zugeschnittenen Ausgaben („Surfer-Bibel"), die oft noch mit einer eigenen Übersetzung verbunden sind (womit sich freilich auf lange Sicht die Frage stellt, welche Bibel denn als Heilige Schrift und damit als Grundlage des Glaubens angesehen werden soll. Die zunehmende Beliebigkeit des Bibeltextes stellt damit für eine auf „das Wort" und eben nicht auf „die Worte" gegründete Gemeinschaft eine immer größere theologische Herausforderung dar). Ebenso werden nicht nur Theologien in leicht konsumierbarer Form dargeboten (denken wir nur an die Reduktion der Mission auf den „Ruf nach vorn", verbunden mit einem „Übergabegebet", oder das „Endzeitkonzept" der „Entrückung", dem das Buch seinen Titel verdankt), sondern auch Ethik und Politik. Hier dominieren nicht selten Ansichten, die die Welt in ein simples „hier die Guten, dort die Bösen"-Schema einteilen (etwa in Abtreibungsgegner und -befürworter oder Hetero- und Homosexuelle). Damit geht eine Ideologisierung einher, die das „Paralleluniversum" der Szene nicht nur weiter festigt, sondern das Christentum insgesamt zu einer Subkultur der Konsumgesellschaft macht, in der die verschiedenen Konsumwünsche eben „christlich" bedient werden.

ten unser eigenes Getreide anbauen, ernten und zu Brot verarbeiten. Wir könnten unsere Kleidung aus Naturfasern und Tierhäuten selbst herstellen. Wir könnten in den Wald gehen, Bäume fällen und Häuser bauen. Mit anderen Worten: Eigentlich sind wir Individuen, die einander nicht brauchen. Allerdings kann nicht jeder alles gleichermaßen gut, weswegen Arbeitsteilung sinnvoll ist. Jeder macht das, was er kann, und tauscht es auf dem Markt gegen andere Produkte und Dienstleistungen ein.

Vom Menschenbild her steht damit das Individuum am Anfang, die Gemeinschaft ist ihm untergeordnet. Sie entsteht nur da, wo das Individuum an eine von ihm selbst wahrgenommene Grenze stößt, die es allein nicht überwinden kann oder will. In einem individualistischen System beruht deshalb jede Form von Gemeinschaft auf der Logik des Vertrages: Der Einzelne weiß, dass er nicht alles kann, deshalb holt er sich andere zu Hilfe, denen er dafür eine entsprechende Gegenleistung bietet. Worin Leistung und Gegenleistung bestehen, hängt wiederum von den Bedürfnissen der jeweiligen Partner ab, womit auch ihre Gemeinschaft in der Regel auf die Erfüllung dieser Bedürfnisse beschränkt ist.

In einem vom System der Konsumgesellschaft geprägten Verständnis des Christentums wird daher der Begriff der Gemeinschaft nicht verschwinden, allerdings wird die Gemeinschaft nahezu ausschließlich im Sinne der individuellen Bedürfnisbefriedigung verstanden. Im Mittelpunkt steht also weiterhin der Einzelne, der als Individuum schlussendlich selbst am besten weiß, was gut für ihn ist. Insofern verwundert es nicht, dass in der Konsumgesellschaft neben der Betonung des Einzelnen auch die Freiheit ins Zentrum des religiösen Denkens und Handelns gerückt ist. Kaum eine Predigt kommt ohne Hinweise auf die „Entscheidung“ aus; landauf, landab wird der „freie Wille“ betont. Die Paradoxie mancher Verkündigung liegt dabei auf der Hand: Gott hat zwar einen Plan für unser jeweils individuelles Leben, weil er aber keine Marionetten möchte, hat er jedem von uns einen freien Willen gegeben. Wie in der Konsumgesellschaft können (und müssen) wir also selbst entscheiden; neu ist freilich, dass wir – salopp gesagt – die Verantwortung dafür Gott in die Schuhe schieben können. Aus dem Glauben im Sinne eines vertrauensvollen Hinnehmens des unergründlichen göttlichen Willens ist also ein Entlastungssystem geworden, mit dessen Hilfe sich die Multioptionsgesellschaft ertragen lässt, ohne dass die eigene Freiheit dadurch eingeschränkt erscheint.

So verstanden hat der „freie Wille" freilich nur noch wenig mit dem zu tun, was in verschiedenen Perioden der Kirchengeschichte zum Streitthema geworden ist. In der Religion der Konsumgesellschaft geht es schließlich nicht mehr um die Frage, ob und inwieweit der Mensch an seinem Heil beteiligt ist, sei es nun durch eigene willentliche Anstrengungen oder bloße Zustimmung zur durch Gott bereits erwirkten Erlösung. Im Zentrum der konsumierbaren Religion steht vielmehr eine Vorstellung des freien Willens, die der eines Konsumenten im Kaufhaus entspricht. Aus dem unendlich breiten Angebot des religiösen Marktes darf sich der Religionskonsument für das entscheiden, das am ehesten zu ihm passt. Und wie im Kaufhaus ist auch diese Entscheidung niemals endgültig, sondern kann und muss immer wieder neu getroffen werden.[25]

Aus diesem Grund ist ein konsumkonformes Christentum zwangsläufig ebenso undogmatisch wie die Konsumgesellschaft selbst. Im Marktgeschehen gibt es „richtig" und „falsch" ja nicht als absolute, objektive Größen, es gibt nur „verkäuflich" und „unverkäuflich". Ob sich etwas verkaufen lässt, hängt freilich davon ab, ob das jeweilige Individuum das Angebot für „gut" hält, ob es also seinen (vermuteten) Bedürfnissen und Interessen entspricht. Da ein solches Urteil bei jedem anders ausfällt, kann es keinen einheitlichen Maßstab geben. Dogmatisch wird das konsumgerechte Christentum da-

25 Bezeichnend ist in diesem Zusammenhang, wie mit den verschiedenen Frömmigkeitstraditionen umgegangen wird. Gehörte etwa Fasten, Beten, Meditation und das Studium der Heiligen Schrift lange Jahrhunderte zum unaufgebbaren Kern jeglicher Form des Christentums, sind daraus heute Optionen geworden. Ganz selbstverständlich gehen wir schließlich davon aus, dass die Menschen unterschiedlich sind (Individualismus) und deshalb jeder selbst die Frömmigkeit wählen muss, die zu ihm passt (Freiheit). Dass dabei allerdings die „anstrengenden" Frömmigkeitsformen wie Fasten und Schriftstudium wenig Konjunktur, leichter konsumierbare wie das Hören christlicher Lieder oder der Besuch von christlichen Events dagegen regen Zuspruch finden, liegt sicher eher in der Natur der Sache als daran, dass die Christen heute andere Persönlichkeiten haben als früher.

her nur an den Stellen, an denen es die Vertreter des freien Marktes auch werden, nämlich dann, wenn es um die Einschränkung von (echten oder vermeintlichen) Freiheitsrechten geht.

* * *

An dieser Stelle hat das konsumgeprägte Christentum jedoch zunächst ein Problem: So sehr der freie Wille und die eigene Entscheidung in der Verkündigung im Vordergrund stehen mögen, zumindest in konservativen Kreisen hält man auch an als objektiv verstandenen Autoritäten wie der Bibel fest. Gegen die „objektive Wahrheit" der Heiligen Schrift hat die zwangsläufig subjektive individuelle Entscheidung indessen zunächst keine Chance, es sei denn, sie beruht auf einer weit höheren Instanz und ist damit nicht so subjektiv, wie es auf den ersten Blick scheinen mag. Mit der Betonung des freien Willens korrespondiert deshalb ein Herausstreichen des persönlichen Redens Gottes.

Wie bei der Gemeinschaft und dem freien Willen wird auch hier ein Begriff aus der christlichen Tradition aufgenommen, aber in eine konsumgerechte Form umgedeutet. So sprechen nicht nur reformierte Kirchen, sondern auch die aus dem „linken Flügel" der Reformation hervorgegangenen Strömungen von einem *„testimonium internum"*, dem „inneren Zeugnis" des Heiligen Geistes. Im reformierten Bereich handelt es sich dabei um den persönlichen Zuspruch des Heils, wodurch der einzelne Gläubige erkennt, dass auch er zu den Erretteten gehört. Damit hat das „innere Zeugnis" ausschließlich bestätigenden Charakter, indem es dem Gläubigen versichert, dass die in der Bibel allgemein gegebenen Verheißungen auch ihm gelten. Autorität im letztgültigen Sinne ist also die Bibel, die das eigentliche Wort Gottes bleibt, an dem sich folglich auch das „innere Zeugnis" messen lassen muss, wenn es als Werk des Geistes gelten soll.

Anders ist das mit dem persönlichen Reden Gottes, wie es in einem konsumorientierten Christentum praktiziert wird. Hier tritt es in jeder Hinsicht als Autorität auf, weswegen es die Stimme anderer Autoritäten wie der Bibel, der Tradition oder der christlichen Gemeinschaft ohne Weiteres außer Kraft setzen kann. Im Grunde geht es dabei also um nichts anderes als die göttliche Überhöhung der eigenen Entscheidung. Dies gilt umso mehr, je weniger Kriterien formuliert werden, an denen man ein durch den Geist gewirktes Reden Gottes von dem bloßen menschlichen Wollen unterscheiden könnte. Wir haben es demnach mit einem Individualismus in religiösem Gewand zu tun, der damit zum eigentlichen Gott erhoben wird. Entsprechend hat sich die übrige religiöse Welt ihm unterzuordnen.

Bezeichnend ist, dass der Gott der Bibel und der christlichen Tradition in diesem System auch nur eine untergeordnete Rolle einnimmt. Er tritt als ein Anbieter unter vielen in dem weiten Feld des Marktes auf, wo er zum Beispiel mit einem zur Entspannungstechnik mutierten ursprünglich hinduistischen Yoga und diversen esoterischen Selbsthilfe-Angeboten konkurriert. Wie bei den anderen Anbietern steht hier auch bei Gott die Befriedigung der persönlichen Bedürfnisse des Individuums im Zentrum des Handelns. Jenseits von Glück und Sinngebung verfolgt der Schöpfer also keine Ziele mit diesem Planeten, wobei auch die von ihm zu befriedigenden Bedürfnisse auf die von der Konsumgesellschaft aufgeworfenen Spannungen beschränkt sind.

Transzendenz: Wenn der Weg zum Ziel wird

Wenn es auf denselben Grundlagen aufbaut, leidet das Christentum auch unter denselben Problemen wie die Konsumgesellschaft. Das Individuum steht dann zwar im Mittelpunkt, hat aber in christlichen Kreisen dieselben Identitätsprobleme wie außerhalb. Weil das persönliche Reden Gottes als letztgültige Autorität betrachtet wird, bleibt das Individuum auf sich allein gestellt. Es hat weiterhin die Qual der Wahl, nur dass es die Verantwortung für die eigene Entscheidung je nach Gemütslage entweder religiös überhöhen oder Gott „abgeben" kann.

Was sich dagegen nicht einstellt, ist die erhoffte Gewissheit. Gott scheint in unseren Zeiten zwar wesentlich mehr zu Einzelnen zu reden als das früher der Fall gewesen ist, dafür sind seine Äußerungen aber widersprüchlicher und unbeständiger geworden. Auf das, was

Gott einem heute sagt, würde keiner sein Leben bauen, denn zu oft scheint Gott seine Meinung zu ändern.[26] Besonders auffällig ist das sicher in dem Bereich, in dem auch Christen in unserer von Anonymität und Beziehungslosigkeit geprägten Welt die meisten Probleme haben: Beziehungen. Gerade hier erweist sich das individualistisch verstandene persönliche Reden Gottes als außerordentlich willkürlich. Dem einem scheint Gott zu sagen, dass er eine bestimmte Frau heiraten soll, ihr dagegen legt er es offensichtlich nicht aufs Herz. Ein Paar führt er nach deren Aussage zusammen, nur um einem von beiden nach wenigen Jahren deutlich zu machen, dass der Partner doch nicht „der Richtige“ war.

Damit jedoch wird aus dem Reden Gottes, ja aus Gott selbst, eine konsumierbare Ware, die eben so lange einen Wert besitzt, wie sie ihn vom Individuum zugeschrieben bekommt. Der Wert an sich wird ersetzt durch die Wertanmutung. Hier wie sonst im Marktgeschehen steht damit das im Mittelpunkt, was der Einzelne durch das Konsumgut vermittelt bekommt, nicht jedoch das Gut selbst. Es geht um Identität, Individualität, um das Erleben des Besonderen, Einzigartigen mitten im Alltag des Massendaseins. Ein konsumorientiertes Christentum ist deshalb immer erlebnisorientiert. Wie beim Kaufen nicht der Besitz der Ware das Entscheidende ist, sondern ihr Erwerb, so zählt auch hier nicht das Ziel des Glaubens, sondern der Glaube selbst, das religiöse Erleben, das mit verschiedenen Frömmigkeitsformen verbundene Gefühl.

Der christliche Markt schafft hierfür verschiedene Angebote, die nach einem ähnlichen Muster generiert werden wie in der übrigen Konsumwelt. Zu den „Premium“-Marken kommen verschiedene „Billig“-Angebote; „Fertiggerichte“ stehen neben der Ecke für „Gesundheitsbewusste“, sogar die recht beliebte „Rebellen“-Sektion ist zu finden. So wie sich Konzerne nicht auf eine „einheitliche Linie“ fest-

26 Was hier für den Einzelnen gesagt ist, gilt auch für das heute vielerorts auftretende Phänomen „großer“ Prophetien, ob sie nun auf Konferenzen geäußert oder in Büchern (vor allem über die „Endzeit“) veröffentlicht werden. Mag sich auch manches von dem, was dort gesagt und geschrieben wird, als „wahr“ herausstellen, insgesamt scheint die „Trefferquote“ nicht höher zu sein als bei sonst üblichen Prognosen – wobei sie sich beim Vorhersagen konkreter Ereignisse (wie einer allgemeinen „Erweckung“) sogar eher im Bereich der Wahrsagerei bewegt.

legen müssen, sondern verschiedene einander widersprechende Lebensstile und Auffassungen unter unterschiedlichen Labels in scheinbarer Konkurrenz vermarkten können, werden also auch im christlichen Bereich zunehmend miteinander im Konflikt stehende theologische Richtungen von einem Großunternehmen bedient – sei es nun durch eine Gemeinde oder einen Verlag.

Wie im Supermarkt können sich die jeweiligen „Zielgruppen" auf diese Weise bei denselben Anbietern (unter Umständen eben unter unterschiedlichen „Labels") aus Versatzstücken katholischer, evangelischer, orthodoxer, anglikanischer, charismatischer, pietistischer usw. Traditionen ihr eigenes Menü zusammenstellen. Und wie im Supermarkt muss es nicht zusammenpassen. Wer morgens Biomarmelade isst, kann Mittags trotzdem Tiefkühlkost in die Mikrowelle stellen; ebenso lassen sich auch römische Messen mit charismatischen Gebetsnächten und fundamentalistischen Hauskreisen kombinieren. Erlaubt ist, was gefällt.

* * *

Mit der Patchwork-Religiosität ist deshalb nicht nur eine strukturelle Ablehnung dogmatischen Denkens und daraus folgender Abgrenzungen verbunden, sondern auch eine Neudefinition des Toleranzbegriffs. Das Abendland hat lange gebraucht, um sich nach der mit der Reformation verbundenen Glaubensspaltung zur Toleranz durchzuringen. Nachdem ein Jahrhundert der Gewalt die konfessionellen Gräben nicht überwinden konnte, sah man keine andere Möglichkeit als sich damit abzufinden, wollte man nicht weitere Religionskriege heraufprovozieren. Toleranz ist folglich von der Grundidee her die Duldung eines Übels, das man nur deshalb nicht beseitigt, weil dadurch ein noch größerer Schaden entstünde. Die Vielfalt des Glaubens wurde vor diesem Hintergrund als Problem des Christentums wahrgenommen, nicht etwa als dessen Bereicherung – und wenn wir Jesu Gebet in Johannes 17,21 ernst nehmen, zu Recht.

Dieses Verständnis hat sich freilich grundlegend gewandelt. In einer Konsumgesellschaft wird jedes weitere Angebot prinzipiell begrüßt, denn es erweitert nicht nur die Auswahlmöglichkeiten des Individuums, das Neue an sich steht hoch im Kurs. In einer Gesellschaft auf der Suche nach Glück und Sinn birgt das Neue schließlich die Verheißung des Erfolges in sich, die das Alte nachweisbar nicht erfüllen kann. Eine am Konsum orientierte Gemeinde wird deshalb nicht nur keinen Versuch unternehmen, um die vorhandene Vielfalt einzuschränken, im Gegenteil, sie wird alles tun, um auch für den Letzten noch ein weiteres Angebot einzurichten. Damit verhält sie sich prinzipiell nicht anders als Konzerne, die ihren Marktanteil dadurch erhöhen, dass sie mit unterschiedlichen Sortimenten unterschiedliche Zielgruppen ansprechen.

Dabei ist es an sich nicht verwerflich, verschiedene Frömmigkeitsformen, Theologien und Traditionen unter einem Dach zu vereinen, weil sie sich gegenseitig ergänzen. Bei jeder echten Ökumene wird freilich die Verschiedenheit als mindestens ebenso schmerzhaft empfunden wie als bereichernd. Die Problematik ist hier ähnlich wie anderswo, wenn verschiedene Kulturen aufeinandertreffen. Das bereichernd Andere ist ja auch gleichzeitig das Fremde, das die eigene Überzeugung in Frage stellt und mit dem die eigene Kultur in Konflikt gerät. Die christliche Gemeinde, die sich von ihrem Herrn her um Einigkeit bemühen soll, verträgt daher nur eine in gewisser Weise überschaubare Vielfalt.

Anders ist das in einem konsumorientierten Christentum, das im religiösen Bereich die scheinbare Multikulturalität der Konsumgesellschaft nachvollzieht. So wie der Pizzaservice neben der italienischen Stammauswahl auch indisches, türkisches, chinesisches oder griechisches Essen anbieten kann, wenn es verlangt wird, lassen sich eben auch in der konsumorientierten Gemeinde verschiedene Angebote miteinander kombinieren. Der Pizzaservice verfolgt keine inhaltlichen Ziele, er will keiner Küche zum Durchbruch verhelfen, ja wir erfahren nicht einmal, welches Essen sein Besitzer bevorzugt. Ihm geht es nur um die Präsenz im Markt, für die eben das Gericht dem Kunden schmecken muss und nicht dem Koch.

Entsprechend konsumorientiert kann auch eine Gemeinde vorgehen, die ihr religiöses Angebot aufgrund von Kundenwünschen ständig weiter ausdifferenziert, um ihren „Marktanteil“ zu halten bzw. auszuweiten. Wie bei dem Pizzaservice steht dabei die individuelle Bedürfnisbefriedigung im Mittelpunkt, nicht jedoch die Gemeinschaft. Das Ringen um einen gemeinsamen Kern, um einen für alle verbindlichen Grundbestand an Tradition, ist damit vernachlässigbar. Das bequeme am Pizzaservice ist doch gerade, dass man sich nicht auf ein gemeinsames Essen einigen muss, sondern jeder bestellen kann, was ihm gerade schmeckt. Die Vielfalt der Traditionen und Überzeugungen, die einst als Hindernis für die Ausbreitung des Glaubens gesehen wurde, wird damit zum „Standortvorteil“.

Die Pluralität ist freilich noch aus einem anderen Grund notwendig. Wie andere Konsumgüter verbraucht sich auch ein konsumierbares Christentum recht schnell. Gerade im Erlebnisbereich jagt ein Trend den nächsten, weswegen immer wieder neue Trends generiert werden müssen, um bei den Konsumenten das gleiche Erleben auszulösen. Getrieben wird diese Spirale paradoxerweise wie im übrigen Konsumleben auch von der Suche nach dem „Echten“, „Ursprünglichen“. Man will „authentische“ Erfahrungen machen, übersieht aber, dass man sie auf diesem Weg gerade nicht erreichen kann. „Echt“ im Sinne einer Konsumgesellschaft ist nämlich immer nur das, was sich gerade „echt“ anfühlt, auch hier ersetzt schließlich die Wertanmutung den Wert selbst.

Ein wirkliches Erleben kann die Konsumreligion deshalb genauso wenig bieten wie die Konsumgesellschaft, weil gerade durch das Generieren eines konsumierbaren Produktes die Echtheit verloren geht. Typisch ist denn auch das Erleben aus zweiter Hand: Man konsumiert die spirituellen Kräfte eines christlichen Stars, der in einem Kongresszentrum eine „Konferenz“ veranstaltet, die er allein bestreitet. Man hat Teil an dem weltweiten Wirken Gottes, indem man die aufrüttelnde, multimedial aufbereitete Predigt eines Auslandsmissionars hört, oder konsumiert Gemeinschaft beim großen Abendmahl im Fußballstadion. Wie beim „Original Hausmacher Kartoffelbrei“ oder der Pauschalreise in irgendeine „unberührte Natur“ handelt es sich hierbei jedoch nicht um eine echte, eigene Erfahrung – die Teilhabe an Gottes Reich – sondern um ein sorgsam geschnürtes „Erfahrungspäckchen“, das in konsumgerechter Form das entsprechende „Erleben“ garantiert.

In dem ständig neuen Mix aus verschiedenen religiösen Traditionen verlieren freilich alle ihren Wert. Jede von ihnen hat ja nur so lange eine Berechtigung, wie sie ein bestimmtes Erleben vermittelt, und wird sofort fallen gelassen, wenn sie nicht mehr so gut ankommt. Identität vermitteln kann auf diese Weise keine von ihnen. Durch die Patchwork-Mentalität geht zudem dem Glauben als Ganzes die Identität verloren. Christentum als solches gibt es nämlich nicht, sondern nur in einer von einer bestimmten Tradition vorgegebenen Weise, sei sie nun katholisch oder evangelisch, altkirchlich oder liberal. Diese Traditionen haben einen gemeinsamen Kern, aber sie sind nicht deckungsgleich, weswegen ihre Elemente auch nicht austauschbar sind. Man kann nicht ein römisch-katholisches Sakramentsverständnis mit liberaler Weltoffenheit, keltischer Gemeinschaft, pietistischer Bibelfrömmigkeit, aufklärerischem Individualismus und postmodernem Erlebnishunger zu einem harmonischen Bild vereinen. In dem Augenblick, wo einzelne Züge aus verschiedenen Traditionen mit Blick auf ihre Konsumierbarkeit herausgebrochen und neu zusammengestellt werden, ergibt sich nämlich kein stimmiges Ganzes mehr. Systematische Theologie ist in einem konsumorientierten Christentum also nicht nur nicht erwünscht, sie ist auch gar nicht mehr möglich.

* * *

Als Erlebnisreligion ohne verbindende Theologie verliert ein konsumorientiertes Christentum nicht nur zwangsläufig sein Gesicht, es hat auch kein Ziel mehr vor Augen. Damit verbunden ist eine weitere Umdeutung traditioneller christlicher Symbolik. Wer Christentum konsumorientiert denkt, wird seinen Charakter als „Weg“ betonen und aus der eben als Not beschriebenen Situation nirgendwo angekommen zu sein eine Tugend machen. Wie andere Begriffe hat auch der des Weges durchaus biblische Bezüge, von dem berühmten Ausspruch Jesu in Johannes 14,6 über das Selbstverständnis der ersten

Gemeinde als „Anhänger des neuen Weges“ (Apostelgeschichte 9,2) bis hin zum wandernden Gottesvolk aus 1. Petrus 2 und Hebräer 13. Auch das christliche Ideal von der Nachfolge Christi schließt den Gedanken an einen Weg mit ein.

Neu an einem konsumorientierten Christentum ist freilich, dass hier der Weg gegen das Ziel ausgespielt wird, indem mit Hinweis auf den Wegcharakter des Glaubens jegliche Zielvorgabe abgelehnt wird. Wenn es kein Ziel gibt, wird jedoch nicht automatisch der Weg selbst das Ziel, er hört vielmehr im eigentlichen Sinne auf, Weg zu sein, weil er nirgendwo mehr hinführt. Das entspricht jedoch bestenfalls dem „Weg“ einer Biene über eine Blütenwiese – und gleicht damit unserer ziellosen Wanderung durch die Konsumtempel dieser Welt.

Eine der großen Besonderheiten an der jüdisch-christlichen Tradition ist freilich, dass sie von einem Weg ausgeht und sich damit gerade von der Ziellosigkeit abgrenzt, die mit einem Weltbild verbunden ist, in dem sich alles ständig wiederholt. Die Welt ist nicht ein immer gleiches Werden und Vergehen, sondern unterliegt einer Entwicklung, hat eine Geschichte und folglich einen Anfang und ein Ziel. Sie kommt von Gott und geht zu ihm zurück. Damit ist allerdings nicht nur ein Weg, sondern auch ein Ziel vorausgesetzt, ohne das der Weg sinnlos wird.

Heimat: Wenn Gemeinschaft fremd ist

Eines der erschreckenden Merkmale der Konsumgesellschaft ist vermutlich das Verschwinden der Heimat und der mit diesem Begriff verbundenen Tradition und zwischenmenschlichen Nähe. Weil alles austauschbar geworden ist, ist alles beliebig. Verschwunden ist damit jedoch auch das Eigene, das die Heimat ausgezeichnet hat: Dieser Ort ist einzigartig, weil wir nur zu ihm eine besondere Beziehung haben. Nicht verschwunden ist freilich die Sehnsucht nach dem Einzigartigen, sie wird vielmehr mit der zunehmenden Heimatlosigkeit immer größer.

Die Konsumwelt kann allerdings mit einzigartigen Dingen in der herkömmlichen Bedeutung des Wortes nicht viel anfangen. Wenn etwas tatsächlich einzigartig ist, ist sein Wert nämlich so unermesslich hoch, dass es normalerweise unverkäuflich und damit dem Marktgeschehen entzogen ist. Erfolg ist in der Konsumgesellschaft dagegen in der Regel mit der Masse verbunden, denn nur mit einem in ausreichender Anzahl verfügbaren Angebot kann man den Massenmarkt befriedigen.

Das bedeutet freilich nicht, dass sich Einzigartigkeit nicht vermarkten lässt. Im Gegenteil, wenn etwas einzigartig ist, ist damit seine Identität in gewisser Weise geklärt, weswegen Einzigartigkeit in einer Welt, die sich Identität immer wieder neu erwerben muss, einen hohen Marktwert besitzt – allerdings paradoxerweise nur, wenn sich das entsprechende Produkt in genügender Anzahl produzieren lässt. Dazu muss freilich der Begriff „Einzigartigkeit" neu gefüllt werden.

Schauen wir uns einige Beispiele an: Die sieben Weltwunder der Antike waren einzigartig, ebenso ist es der Grunewald-Altar im französischen Colmar oder die Tierwelt der Galapagosinseln. Sie sind einzigartig, weil es sie jeweils nur ein einziges Mal gab bzw. gibt. Mit dem Untergang der Antike sind daher auch ihre Weltwunder unwiederbringlich verloren, ebenso wäre es der Grunewald-Altar, wenn das Museum, in dem er aufgestellt ist, bis auf die Grundmauern niederbrennen würde, oder die Tierwelt der Galapagosinseln, wenn sie ausstirbt.

Gerade Dinge wie der Grunewald-Altar machen deshalb deutlich, welche Probleme die Konsumgesellschaft mit Einzigartigkeit hat. Der Altar besitzt nämlich einen Wert, der sich in einem Geldbetrag ausdrücken lässt. Hierbei geht es freilich um eine theoretische Größe, die nur für die Versicherung interessant ist. Kaufen kann man ihn zu diesem Preis nicht. Denn gerade durch seine Einzigartigkeit ist der eigentliche Wert des Altars so unermesslich hoch, dass er nicht verkauft wird. Im Marktgeschehen ist der Altar daher wertlos, weil er nicht erworben und konsumiert werden kann. Eine Wertschöpfung, also die Aufwertung eines Produktes durch seine „Veredelung" im Markt, ist damit ausgeschlossen.

Diese Form von Einzigartigkeit wird man in der Masse der Konsumgesellschaft also nicht finden. Nichts von dem, was wir produzieren, ist wirklich im ausgeführten Sinne ein Einzelstück, ebenso ist kein Mensch wirklich einzigartig, weil wir in der Regel ja nichts mehr produzieren, sondern uns über den Konsum von Massenware definieren. Einzigartigkeit als Begriff existiert dennoch, ja das Wort wird geradezu inflationär gebraucht. Jeder Mensch ist einzigartig, so heißt es, weil keine zwei gleich sind. Niemand verfügt schließlich über den gleichen Fingerabdruck, die gleichen Gesichtszüge oder gar die gleichen Gene.

So betrachtet ist die Aussage von der Einzigartigkeit eines jeden Menschen sicher richtig, allerdings handelt es sich dabei um eine andere Form von Einzigartigkeit als sie zum Beispiel dem Grünewald-Altar zukommt. Das Entscheidende, das die Einzigartigkeit dieses Gegenstandes ausmacht, ist doch die Tatsache, dass er nicht reproduzierbar ist. Er ist eben der Einzige seiner Art. Mit den Menschen ist das freilich anders. Schon beim Schöpfer des Altars, Matthias Grünewald, haben wir es mit einem von unzähligen Angehörigen derselben Gattung zu tun, die sich in einigen Zügen unterscheiden, aber dennoch als Angehörige derselben Gattung erkennbar bleiben. Ihre Einzigartigkeit ist damit von derselben Qualität wie die der Bildbände über den Altar, die man im Museumsshop kaufen kann. Auch hier sind keine zwei wirklich identisch, dennoch erscheinen sie nicht nur Kunstliebhabern als Massenware, die das Original kaum ersetzen können. Oder um es anders auszudrücken: Wenn jeder Mensch in diesem Sinne einzigartig ist, dann ist es auch jeder Stein, jeder Grashalm und jedes Stück Butter. Einzigartigkeit beschreibt dann nämlich keinen Wert mehr, der den Einzelnen aus der Masse heraushebt. Es ist vielmehr eine Eigenschaft, die alle und alles in sich tragen. Wenn aber alle einzigartig sind, ist es in gewissem Sinne keiner.

In einem konsumorientierten Christentum spielt der Begriff dennoch eine große Rolle. Denn in der Massengesellschaft ist Identität schließlich zur Mangelware geworden, womit der Gedanke der Einzigartigkeit einen Anknüpfungspunkt zu bieten scheint, von dem her das Selbstbewusstsein aufgebaut werden kann. Entsprechend häufig tauchen mit der Einzigartigkeit eines jeden Menschen verbundene Wertzuweisungen auf. Damit sind allerdings nur sehr vage inhaltliche Deutungen verbunden. Jeder ist etwas Besonderes, wobei nur selten erklärt wird, worin denn nun das jeweils Besondere besteht. Wir hören nichts von herausragenden Leistungen, unübertroffenen Begabungen oder auch nur genialen Einfällen. Das Besondere, Einzigartige ist damit jedoch nichts weiter als ein anderes Wort für das Gewöhnliche und Alltägliche.

Damit haben wir uns jedoch weit von den Grünewalds dieser Welt entfernt und nicht nur von ihnen, sondern auch vom traditionellen Christentum. Auch ihm ist schließlich der Gedanke der Einzigartigkeit nicht fremd, allerdings bleibt er dort ausschließlich Gott vorbehalten, der der geschaffenen Welt als Schöpfer gegenübertritt. In der Schöpfung ist dagegen nichts einzigartig, sieht man einmal von dem ab, was mit Gott in Verbindung gebracht wird. Das biblische Konzept für diese Form von geschöpflicher Einzigartigkeit ist Heiligkeit. Nur das Heilige ist aus der Masse der profanen Welt herausgehoben.

* * *

Mit dem inflationären Gebrauch der Einzigartigkeit geht daher ein ebensolcher von Heiligkeit einher. Weil jeder Mensch einzigartig ist, gilt er auch als heilig. Damit aber kann gerade nicht mehr Heiligkeit im biblischen Sinne gemeint sein, denn es gibt nichts Besonderes, Herausgehobenes an jedem Menschen, vielmehr gilt auch hier wieder: Wenn alles heilig ist, ist nichts heilig.

Entsprechend tritt das komsumorientierte Christentum auch auf. Es gibt tatsächlich nichts, was ihm im biblischen Sinne als heilig gilt. Keine Tradition, kein Ritus, kein Symbol, kein Ort, keine Zeit ist grundsätzlich dem herrschenden Konsumgedanken entzogen, alles wird vielmehr in Bezug auf seine Konsumierbarkeit betrachtet und entsprechend eingesetzt oder verworfen. Das Feuerwerk der Traditionen, Riten und Symbole führt jedoch zu einem Ausbrennen im Kern. Wenn Heiligkeit kein Maßstab mehr für den Glauben ist, wenn Einzigartigkeit nicht Ausdruck des Besonderen, sondern schlichte Eigenschaft von allem ist, gibt es keine christliche Identität mehr, die in irgendeiner Form Heimat sein könnte.

Mit dem massenhaften Konsum von Heiligkeit wird deshalb das Zentrum jeglicher Religion angegriffen. Denn schließlich lebt der christliche Glaube von der Spannung zwischen Gott und Welt, zwischen Sonntag und Alltag, zwischen Heiligem und Profanen. Vom biblischen Verständnis her stellt das Heilige einen Raum Gottes innerhalb einer anderen Gesetzmäßigkeiten gehorchenden Wirklichkeit dar. Der Tempel ist daher im Alten Testament der Ort, an dem sich Himmel und Erde begegnen; der Sabbat ist die Zeit, die an den Anfang der Schöpfung und die Wiederherstellung der Welt durch Gott erinnert. Das Heilige ist daher ein besonderer Raum innerhalb der Welt, ein Ort, an dem nicht die üblichen Maßstäbe und Gewohnheiten gelten sollen. Das Heilige ist also immer das Andere, das Ungewohnte, mit dessen Hilfe man sich für eine Zeit lang aus dem Getriebe der Welt verabschieden und Gott begegnen kann. Vom Heiligen her erhält die Welt darum ihre Bestimmung und ihren Sinn, von ihm her soll sie erneuert werden.

Eben deshalb ist das Heilige eigentlich grundsätzlich dem Konsum entzogen. Es kann nicht zur Massenware im Markt werden, die aufgrund bestimmter Eigenschaften konsumiert und dann weggeworfen wird, ohne dass es sein Eigentliches verliert. In einem konsumorientierten Christentum geschieht freilich genau das. Hier wird das Heilige zum Verbrauchsgut, das eben deshalb einen Wert besitzt, weil es anders ist und damit ein besonderes Erlebnis verheißt. Wie alles andere wird freilich ebenso das Heilige damit nicht um seiner selbst willen gesucht, sondern wegen einer mit ihm verbundenen konsumierbaren Eigenschaft. Entsprechend wertlos erscheint es denn auch, wenn es diese Eigenschaft nicht mehr besitzt. Versatzstücke aus dem alttestamentlichen Tempelgottesdienst, mittelalterliche Mystik, orthodoxe Frömmigkeit und moderne Multimedia-Elemente können daher in einem Gottesdienst beliebig gemischt werden, weil sie nur unter der Prämisse ausgesucht wurden, ob sie das mit dem Heiligen assoziierte Erleben ermöglichen. Es geht um das Besondere, Nichtalltägliche, den wohligen Schauer. Lässt sich der nicht mehr garantieren, weil das Besondere durch seine Wiederholung zwangsläufig zum Alltäglichen wird, werden die entsprechenden Rituale deshalb genauso schnell fallen gelassen wie sie eingeführt wurden.[27]

Entsprechend austauschbar sind viele unserer Gottesdienste, in denen man die Tradition der jeweiligen Gemeinde nicht mehr erkennen kann, weil alles in den „Mainstream" übergangen ist. Besonderheiten gibt es auch, oft allerdings eher um der Besonderheit willen. Wer in der Masse auffallen will, muss anders sein, womit „wir sind anders" genauso zur Begründung für bestimmte Stile herangezogen werden kann wie „die anderen machen das auch". Beides jedoch sind Ausdruck der Konsummentalität, die ihre Identität aus dem Vergleich mit anderen nimmt, statt aus dem Eigenen zu schöpfen.

* * *

Mit dem Identitätsverlust und der Konsumspiritualität nimmt wie in der Gesellschaft generell auch in der Gemeinde die Gemeinschaft ab. Wo Veranstaltungen von Individuen konsumiert werden, entstehen nur bedürfnisorientierte Zweckverbindungen. Klassisch sind das die „Kreise", deren Mitglieder ein gemeinsames Interesse vereint (am Gesang, am Bibellesen, der Dritte-Welt-Problematik oder der „Gemeinschaft" an sich) und die in vielen Fällen die übrigen „Gemeindeveranstaltungen" ebenfalls aus diesem Blickwinkel betrachten. Auch altersspezifische Gruppen bzw. der Gottesdienst selbst werden dann nur unter Konsumaspekten gesehen, die als „Angebote" verstanden je nach Belieben angenommen oder abgelehnt werden. Reagiert die Gemeindeleitung auf das Ausbleiben einer größeren Zahl, indem sie darüber nachdenkt, wie sie „ihr Angebot attraktiver gestalten" kann,

27 Eine Unterform dieser Vorgehensweise ist der Trend zu ständig neuen Liedern im Gottesdienst. Würde das in evangelikalen und charismatischen Gemeinden praktizierte Modell der Lobpreiszeit wie in landeskirchlichen Gottesdiensten mit dem immergleichen Liedgut bestritten, würde es nämlich in seinem Erlebnismoment auch genauso schnell verblassen. Durch den regelmäßigen Austausch der Lieder (und die damit verbundene Aufforderung, das nächste neue Lied nun wirklich einmal „bewusst" und „als Gebet" mitzuvollziehen) versucht man also Woche für Woche dasselbe Erleben zu garantieren, ohne dass das zugrunde liegende Modell gewechselt werden muss. Auf der Strecke bleibt dabei allerdings das von älteren Generationen mit Kirchenliedern verbundene Heimatgefühl, das nur dadurch entsteht, dass einen *dasselbe* Lied in verschiedenen Situationen des Lebens begleitet, tröstet oder herausfordert.

haben wir es mit einem Kreislauf zu tun, aus dem es so schnell kein Entrinnen gibt.

Im Zeitalter des Internets sehen nicht wenige ihr Heil zudem gar nicht mehr in äußerlich erkennbaren Formen der Gemeinschaft. Christliche „*communities*", „*tribes*", Seelsorge-Foren und Ähnliches haben Hochkonjunktur. Für sie gilt freilich das Gleiche, was zu solchen Phänomenen in anderen Bereichen bereits gesagt worden ist.

Alles in allem ergibt sich damit ein recht düsteres Bild vom Christentum als Konsumreligion. Wie der Konsum selbst beginnt es mit großartigen Verheißungen von Freiheit und Glück, ist aber mit einem enormen Preisschild versehen. Denn wie in den Konsumtempeln unserer Zeit bekommt der Einzelne durch eine Konsumentenspiritualität nicht nur seine verlorene Identität nicht zurück, auch die des Christentums als Ganzes steht auf dem Spiel, indem es seinen Schatz zum Ausverkauf freigibt. Was bleibt, ist der schale Nachgeschmack, der uns auch schon auf unserer Suche durch die Shoppingcenter begleitet hat.

Weil das Konsumchristentum jedoch keine Alternative, sondern nur eine Unterform der Konsumgesellschaft darstellt, werden von ihm die entscheidenden Fragen ebenso wenig beantwortet. Auch in konsumorientierten Gemeinden werden deshalb Leiden und Tod – und mit ihnen die Leidenden und Sterbenden – verdrängt, auch hier können sie nicht in die Sinnfrage integriert werden. Vielmehr steht der „Siegescharakter" des Glaubens im Mittelpunkt, betont werden die „Wunder", man sucht Gott für das „Außergewöhnliche", seine Transzendenz wird vor allem als „Übernatürlichkeit" verstanden. Leiden kann daher nur als Vorspiel zur Heilung akzeptiert werden, die wiederum öffentlich gemacht wird, um den Glauben an Heilungen weiter zu stärken.

Fortwährendes Leiden oder gar der Tod lassen ein konsumorientiertes Christentum daher genauso ratlos wie die Konsumgesellschaft selbst, ja unter Umständen sogar noch ratloser. Denn schließlich wird die Vollkommenheit Gottes im Sinne eines fehlerlos-perfekten Produktes verstanden; kombiniert mit dem Gedanken einer grenzenlosen Allmacht dürfte es also kein Leiden geben, wenigstens nicht bei denen, die Gottes Macht vertrauen. Vor dem Hintergrund der marktwirtschaftlichen Fiktion von einer gleichberechtigten Teilhabe aller am allgemeinen Geschehen darf Gott auch keine „Lieblinge“ haben, sondern muss seine heilenden Kräfte allen gleichermaßen anbieten. Als „Lösung“ dieses Dilemmas bleibt also oft nur die Rückbesinnung auf das Individuum, an dem die Macht Gottes konsumtheologisch ihre Grenze findet. Wenn der Einzelne nicht „will“, dann belässt es Gott dabei. Krankheit und Leiden müssen dabei nicht notwendigerweise als selbstverschuldet betrachtet werden, bleibt allerdings die Heilung aus, sind die Gründe beim Kranken selbst zu suchen, in seiner Sünde oder seinem mangelnden Glauben – falls nicht schlichtweg die ratlose Frage die Verkündigung dominiert, warum Gott Leiden überhaupt „zulasse“.

Eine Spiritualität gegen den Konsum

Es ist immer einfacher mit dem Strom zu schwimmen als gegen ihn. Das gilt erst recht, wenn der Strom der breite Fluss der Bequemlichkeit ist, der uns behäbig an den vielen Verlockungen der Konsumgesellschaft vorbeiträgt. Beim Konsum haben wir es zudem mit einer gewissen Suchtproblematik zu tun: Jede Werbung suggeriert uns, dass wir nur noch einen Kauf von Glück und Erfüllung entfernt sind. Warum also nicht noch diese eine Anschaffung tätigen?

Dann ist da die Falle, in die nicht wenige tappen, die sich ernsthaft gegen den Konsum engagieren wollen: Die Konzerne stellen sich darauf ein und machen entsprechende Angebote. Wer gegen den Konsum auftreten will, muss sich schließlich erst einmal richtig ausstaffieren um seine neue Identität unter Beweis zu stellen. Also weg mit der konventionellen Mode (auch wenn sie noch tragbar wäre) und her mit den ökologisch korrekten Produkten. Und ehe wir uns versehen, konsumieren wir fröhlich weiter, nur anders und vielleicht mit einem besseren Gewissen. Das System bleibt davon freilich unberührt.[28]

Bevor wir über Schritte aus unserem Dilemma nachdenken können, ist deshalb vielleicht ein schriller Weckruf nötig: Unser System ist nicht neutral, und es ist so allumfassend, dass es sich nicht durch Kleinigkeiten verändern lässt. Unter der Verheißung von Freiheit und Glück hat die Konsumgesellschaft nicht nur die Ressourcen unseres Planeten an den Rand der Erschöpfung gebracht, sie hat auch tiefe Spuren in den Seelen der Menschen hinterlassen. Die äußeren Schäden sind schon seit Langem sichtbar, die inneren kommen immer mehr ans Tageslicht. Denn auch seelisch stehen wir in vielen Berei-

28 Bezeichnend ist in diesem Zusammenhang die Werbung für das Buch von Fred Grimm: Shopping hilft die Welt verbessern. Der andere Einkaufsführer, München 2008. Im Kontrast zu dem moderat formulierten Titel druckt der Verlag auf die Rückseite eine reißerische Empfehlung der Zeitschrift „Brigitte“: „Verschenken Sie doch die beste Ausrede für ausgedehnte Einkaufstouren.“ Wer die auch von Grimm angerissene Problematik der Konsumgesellschaft ernst nimmt, dem kann es freilich gerade nicht um „ausgedehnte Einkaufstouren“ gehen, erst recht nicht um „Ausreden“, die nur dazu dienen, das alte Verhalten unter einem neuen „Label“ weiterzuführen.

chen vor einem Trümmerhaufen: Einsamkeit und Beziehungsunfähigkeit sind auf dem Vormarsch, ebenso die mit Identitätskrisen verbundenen Krankheitsbilder, nicht zuletzt die den Konsum selbst begleitenden Suchterscheinungen. Die Verheißungen von Freiheit und Glück werden dagegen vielerorts nicht nur nicht eingelöst, sondern in zunehmenden Maße auf einen immer kleiner werdenden Kreis von Privilegierten eingeschränkt. Die anderen, vor allem die Menschen in den sogenannten Entwicklungsländern, haben sich in erster Linie in das System zu fügen.

Das Krebsgeschwür des Konsums macht dabei vor keinem Bereich halt. Schleichend vollzieht sich die Entwertung der Welt, ihre Transformation in konsumierbare Portionen und schließlich deren Ausverkauf an die nimmersatte Masse. Der Konsum bestimmt dabei nicht nur unser Handeln, sondern auch unser Denken, er verändert unsere Sicht auf die Welt, bis wir wirklich in erster Linie Konsumenten und Verbraucher sind, die alles nur noch unter dem Aspekt der Konsumierbarkeit betrachten. In diesem System hat nichts Bestand, ist nichts heilig, gibt es prinzipiell keine Grenze. Erlaubt ist, was sich vermarkten lässt, und angesichts einer sinnentleerten Gesellschaft ist das grundsätzlich alles.

Mit dem Ausverkauf der materiellen Werte geht daher der der spirituellen einher. So wie die Natur als Steinbruch betrachtet wird, aus dem sich jeder nach Belieben bedienen kann, so wird auch die geistige Welt als großes Buffet angesehen, von dem man nach Gutdünken nehmen und konsumieren kann. Wie die Natur verliert dabei auch die Welt des Geistes ihren eigenständigen Wert, sie geht auf im allgemeinen Ausverkauf.

Was bleibt, ist die Leere, in der die innere Verwüstung der äußeren entspricht. Der materielle Reichtum hat uns in vielen Gebieten ärmer gemacht, das angestrebte Glück hat sich nicht eingestellt, der Sinn ist auf der Strecke geblieben. Was bleibt, sind die Abfalltonnen und die Schrottplätze, in denen die konsumierten Ressourcen zu einem Entsorgungsproblem geworden sind. Aus den vielen Möglichkeiten, die die Natur uns bietet, haben wir uns ausgerechnet für die entschieden, die nicht nur uns die größten Schwierigkeiten bereitet:

ihre Umwandlung in Müll. Soll mit der geistigen Welt nun dasselbe geschehen? Sollen die großen philosophischen und religiösen Traditionen des Abendlandes und der Welt genauso verbrannt und verbraucht werden wie unsere Umwelt? Soll das, wofür andere ausdauernd gekämpft und gelitten haben, was Jahrhunderte und länger zum Entstehen gebraucht hat, nun nicht mehr wert sein als den schnellen Kick, das nette Erlebnis, das wohlige Kribbeln?

Das sind die Fragen, vor denen unsere Zeit steht, und die von uns umso schmerzhafter empfunden werden, je enger wir mit den erwähnten Traditionen verbunden sind. Man kann die damit angerissene Problematik auf resignierende Weise beantworten und düstere Endzeitszenarien an die Wand malen. Wer so etwas tut, hat sicher recht. Allerdings sollten wir nicht vergessen, dass sich bisher jede Generation in der Offenbarung des Johannes wiedergefunden hat – und dabei eher auf das 13. als auf das 21. Kapitel geschaut hat. Die Rede vom Ende der Welt gehört praktisch zum genetischen Code des Christentums; wo sie verloren geht, verflüchtigt sich über kurz oder lang auch der Kern des Glaubens. Dann richtet man es sich ein in der Welt und deutet sie fröhlich als Reich Gottes. Aus dem kritischen Gegenüber des säkularen Kosmos wird damit nichts weiter als sein bestätigendes Anhängsel.

Grundbestandteil des biblischen Glaubens ist deshalb auch die feste Gewissheit, dass die Welt nicht einfach in den Abgrund fällt, sondern Gott ihr entgegenkommt. Die christliche Hoffnung knüpft sich an die große Verheißung Gottes, dass eines Tages eine Welt sein wird, die ganz von ihm her gestaltet ist und in der Friede und Gerechtigkeit herrschen werden. Mit dieser großen sind die kleinen Verheißungen verbunden: Jesus identifiziert sich mit den Armen und Entrechteten und verspricht, dass jede noch so kleine Tat für eine bessere Welt einen Wert haben wird (vgl. etwa Matthäus 10,42).

Nicht nur aus diesem Grund besitzt der christliche Glaube ein schier unerschöpfliches Potential zur Veränderung der Welt. Denken wir nur an seine Anfänge zurück, wo die Autoritäten eines in seiner religiösen Existenz bedrohtes Volkes ihren Retter hinrichteten. Daraus entstand eine Bewegung, die innerhalb weniger Jahrhunderte das erreichte, was in dem Jahrtausend davor nicht nur unmöglich, sondern undenkbar schien: Die Umwandlung der heidnischen Antike in eine von der Bibel geprägte, in der nicht nur Gottesdienste und Moral, sondern das ganze Denken und Handeln, die Werte und Ziele von diesem Buch und dem sich in ihm offenbarenden Gott bestimmt wurden.[29] Selbst die „heiligen Schriften" des Altertums, das Erbe der großen griechischen Philosophen, wurden nun verworfen oder christlich interpretiert. Platon, der Gigant aus Griechenland, konnte vor dem gekreuzigten Zimmermann aus Nazareth nur bestehen, weil er nachträglich zu seinem Jünger gemacht worden ist. Aristoteles beugte sich nicht und geriet für Jahrhunderte in Vergessenheit. Nichts ist unmöglich dem, der glaubt.

Wenn jene Welt so grundlegend verändert werden konnte, dann kann es auch unsere. Von den ersten Generationen der Kirche können wir deshalb lernen, was dazu nötig ist: Glaube, Hoffnung, Liebe, aber auch Durchhaltevermögen und Leidensbereitschaft bis zum Martyrium. Mit anderen Worten: Wenn die Kirche in der Nachfolge ihres Herrn steht, wird sie nicht nur Bestand haben, sondern auch ihre Umwelt prägen. Denn von dem Heiligen her wird die Welt verändert.

Nötig ist deshalb eine Erneuerung der Theologie, in der das Heilige, das Andere, das Reich Gottes wieder zentrale Bedeutung bekommt. Dabei handelt es sich um eine Reformation im eigentlichen Sinne, um eine Rückkehr zu den Wurzeln. In einer Welt, die ständig nach Neuem giert, ist es sicher eine besondere Herausforderung, nicht nur das Alte wertzuschätzen, sondern auch das Neue von ihm her zu beurteilen. In der Frage der Identität, einem der Kernprobleme

---

29 Wie schnell sich das Christentum in Kleinasien ausbreitete, dem kulturellen und wirtschaftlichen Zentrum des römischen Reiches, macht ein Brief des Statthalters von Bithynien, Plinius dem Jüngeren, deutlich, der Anfang des zweiten nachchristlichen Jahrhunderts verfasst wurde. In ihm spricht Plinius von „beinahe verödeten Tempeln", „lange ausgesetzten feierlichen Opfern" und „Opferfleisch, für das sich nur ganz selten ein Käufer fand" (Plinus d. J., Briefe X 96, zitiert nach: Frederick F. Bruce: Außerbiblische Zeugnisse über Jesus und das frühe Christentum. Hg. von Eberhard Güting, Gießen/ Basel 1991, S. 17). Ein heidnischer Statthalter beklagt also in einem offiziellen Brief an seinen Kaiser den durch das Christentum verursachten Niedergang des Heidentums in einer der Kernprovinzen des Reiches – und das keine hundert Jahre nach dem Tod und der Auferstehung Jesu.

unserer Zeit, macht dieser Weg freilich Sinn. Denn Identität kann sich nur da entwickeln, wo es einen unhinterfragbaren Grundbestand gibt. Niemand kann sich selbst erschaffen, wir können nur auf das aufbauen, was wir bereits sind.

Widerstand gegen die Konsumierung der Schöpfung

Beginnen wir, indem wir den Horizont abstecken, auf dem eine Theologie gegen den Konsum entwickelt werden muss: Wenn eine Nation von einer fremden Macht beherrscht wird, hat die Bevölkerung schließlich verschiedene Möglichkeiten, auf die damit verbundenen Herausforderungen zu reagieren. Der einfachste und naheliegendste Weg ist sicher der der Kollaboration. Ein Kollaborateur geht davon aus, dass Macht auch Recht setzt, dass also die faktische Macht Legitimation genug ist, um die Machthaber als solche zu akzeptieren. Im Mittelpunkt steht dabei die Sehnsucht nach Ordnung und Frieden, wobei es zweitrangig ist, ob die Ordnung die eines Gefängnisses und der Frieden die Ruhe eines Friedhofes ist. Ordnung ist auf jeden Fall der Unordnung vorzuziehen, dem Chaos, das sich zwangsläufig einstellt, wenn die Legitimation der Macht in Frage gestellt werden sollte.

Kollaborateure sehen sich deshalb gern als „Realisten", die in einer veränderten Wirklichkeit das zu wahren versuchen, was sie unter den Interessen ihres Volkes verstehen. Kommt es zum Schwur, schlagen sie sich allerdings immer auf die Seite der Mächtigen, weil sie das Ende der Ordnung mehr fürchten als den Verrat der eigenen Herkunft. Kollaboration hat deshalb einen hohen Preis: Durch sie wird aus den Zukunftsvisionen eines Volkes eine unerreichbare Utopie, mit der sich bestenfalls Fantasten beschäftigen, nicht jedoch Menschen, die „mitten im Leben stehen". Ebenso verschwindet die Vergangenheit in den Bereich des Mythos; aus den Geschichten, die einem Volk über Jahrhunderte Heimat gegeben haben, werden gefährliche Fabeln, die die Zeitgenossen auf dumme Gedanken bringen könnten.

Die eigentlichen Gegner des Kollaborateurs sind deshalb nicht die Feinde, die das Land besetzt halten, sondern diejenigen, die an den alten Geschichten und großen Visionen festhalten, die die eigene Vergangenheit nicht aufgeben wollen und an die Zukunft glauben – und gerade damit die bestehende Ordnung in Frage stellen. Diese Ordnung ist jedoch alles, was dem Kollaborateur geblieben ist, aus ihrem Fortbestehen zieht er seine Identität als Realist. Mehr noch als die Besatzer wird er sich deshalb für ihre Weiterführung einsetzen, mehr als sie wird er versuchen, die Ordnung vor seinen Landsleuten zu legitimieren.

Fällt die Ordnung dennoch, hat der Kollaborateur einen schweren Stand, weil er keine Heimat mehr hat. Die Traditionen seines Volkes hat er aufgegeben, seine Werte ausgeliefert, seine Hoffnung verleugnet. Seine Landsleute sehen in ihm einen Feind, den sie im Gegensatz zu den fremden Besatzern nicht einfach vertreiben können, weil er Teil der Familie ist, wenn auch ein Teil, den man gerne los wäre. Denn während die fremden Soldaten ihrem Land gedient haben, hat der Kollaborateur seines gerade verraten, weswegen er ein sehr viel härteres Urteil zu erwarten hat als die Gefangenen aus den Reihen der ehemaligen Besatzungsmacht.

Es ist eigentlich unnötig zu erwähnen, dass die Bibel Kollaboration an keiner Stelle gutheißt. Zwischen dem Reich Gottes und den Mächten der Welt gibt es keine Verbindung, das Heilige ordnet sich nicht dem Unheiligen unter. Die Sadduzäer, die zur Zeit Jesu das Hohepriestergeschlecht stellten, haben es versucht und sind als Urbild des korrupten Verräters in die jüdisch-christliche Geschichte eingegangen. Geistlich haben sie einen hohen Preis bezahlt, denn sie haben ihrer Kooperation mit den heidnischen Besatzern die vornehmsten Hoffnungen des Gottesvolkes geopfert. „Die Sadduzäer sagen, es gebe keine Auferstehung noch Engel und Geister“, weiß Lukas zu berichten (Apostelgeschichte 23,8). In ihrem Universum gab es keine himmlischen Boten, keine Verbindungen von Gott und Menschen und noch schlimmer: keine Hoffnung auf eine neue Welt, in der Frieden und Gerechtigkeit herrschen, jene große Vision, die ihre Zeitgenossen mit der Auferstehung der Toten verbanden. Nach dem Talmud werden sie daher das Leben der zukünftigen Welt nicht sehen (vgl. mSandh 10,1). Alles, was ihnen blieb, war die bestehende

Ordnung, der jetzige Wohlstand, der sich in ihren Augen nur durch die Zusammenarbeit mit Rom sicherstellen ließ. Jesu Urteil über sie ist denn auch vernichtend: „Ihr kennt weder die Schrift noch die Kraft Gottes“ (Matthäus 22,29).

Statt der Kollaboration wählen daher nicht wenige den Weg der Autonomie, bei dem man versucht, einige Bereiche des Lebens dem Zugriff der Besatzer zu entziehen. Die neuen Machthaber mögen zwar politisch bestimmend und kulturell tonangebend sein, in vielen Nischen scheinen jedoch die alten Traditionen noch intakt. Sie gilt es zu bewahren. Im Hintergrund steht dabei ein konservatives Verständnis, das an das pharisäische Konzept von Rein und Unrein erinnert: In einer unreinen Welt versucht man so weit als möglich Inseln der Reinheit zu bewahren.

Auch wenn es die Verfechter dieser Richtung nicht wahrhaben wollen, haben sie damit viel mit den Kollaborateuren gemeinsam. Die von ihnen verteidigte Autonomie setzt ja ein Bündnis mit der herrschenden Ordnung voraus. Sie überlassen den Besatzern die Macht im Land in der Hoffnung, dass diese ihnen im Gegenzug nicht in ihre Nischen hineinregieren. Eine Garantie dafür gibt es freilich nicht. Wenn die neue Ordnung gefestigt ist und sich weiter ausbreitet, sind die Nischen deshalb gefährdet, werden die Inseln der Reinheit kleiner, ist die Autonomie bedroht.

Der Weg der Autonomie besteht daher in einem ständigen Rückzug, in immer neuen Kompromissen, mit denen die stetig kleiner werdenden Reste des Alten erhalten werden sollen. Am Ende bleibt damit nur noch das einzelne Individuum, getragen von dem beklemmenden Gefühl, dass man zwar seine Heimat nicht retten, aber wenigstens die eigene Person unbefleckt halten konnte. In dem Trümmerfeld der Traditionen geht dennoch die Hoffnung verloren, statt dessen werden düstere Zukunftsszenarien heraufbeschworen. Es ist auch hier unnötig zu erwähnen, dass das ebenfalls nicht der Weg der Bibel ist.

* * *

Gegenüber dem alles durchdringenden Heidentum des römischen Reiches schlugen die ersten Christen deshalb eine andere Richtung ein: Sie wählten den offenen Widerstand. Widerstand zeichnet sich dadurch aus, dass er die bestehenden Verhältnisse niemals anerkennt und damit den Machthabern die Legitimation grundsätzlich verweigert. Seine Kraft schöpft er aus der Tradition und der Vision einer anderen Zukunft, und er ist umso wirkungsvoller, je mehr es gelingt, beides zu vermitteln. Nach außen zeigt sich der Widerstand auf zweierlei Weise: Zum einen macht er an verschiedenen Stellen deutlich, dass man die bestehende Ordnung nicht braucht, ja dass die bestehende Ordnung sogar einer wesentlich besseren im Wege steht. Zum anderen zeigt er durch einzelne Aktionen, dass die jetzigen Machthaber die Situation nicht so beherrschen, wie sie vorgeben. Widerstand ist damit gleichzeitig subversiv und alternativ, er untergräbt das Bestehende und eröffnet Perspektiven für Neues.

Widerstand in diesem Sinne muss nicht gewalttätig sein, im Gegenteil, je weniger Gewalt er einsetzt, desto gefährlicher ist er für die Besatzer. Die Macht zieht ihre Legitimation ja gerade aus der Behauptung, dass nur sie Ordnung und Frieden sicherstellen könne. Wenn der Widerstand gewalttätig wird, bestätigt er diese Propaganda und legitimiert damit die Macht. Umgekehrt kann die Macht auf keinen Fall dulden, dass die von ihr gesetzte Ordnung in Frage gestellt wird, weil sie eben daher ihre Legitimation nimmt. Nichts jedoch gefährdet die Legitimation so sehr wie die Demonstration der Tatsache, dass die damit verbundene Ordnung ungerecht und unnötig ist. Gerade hier werden die Machthaber deshalb umso unerbittlicher die von ihnen errichtete Ordnung verteidigen und dabei vor Zwangsmaßnahmen nicht zurückschrecken. Das jedoch macht sie in den Augen der Zeitgenossen unglaubwürdig: Statt Ordnung und Frieden zu garantieren, bringen sie Konflikt und Chaos. Gerade deshalb ist gewaltfreier Widerstand sehr viel wirkungsvoller als gewalttätiger – allerdings nur dann, wenn seine Anhänger leidensbereit und zu allem entschlossen sind.

Wie ein solcher Widerstand aussehen kann, zeigt Jesus in der Bergpredigt:

„Ihr habt gehört, dass gesagt ist (2. Mose 21,24): ‚Auge um Auge, Zahn um Zahn.' Ich aber sage euch, dass ihr nicht widerstreben sollt dem Übel, sondern: wenn dich jemand auf deine rechte Backe schlägt, dem biete die andere auch dar. Und wenn jemand mit dir rechten will und dir deinen Rock nehmen, dem lass auch den Mantel. Und wenn dich jemand nötigt, eine Meile mitzugehen, so geh mit ihm zwei. Gib dem, der dich bittet, und wende dich nicht ab von dem, der etwas von dir borgen will" (Matthäus 5,38-42).

Auch wenn es auf den ersten Blick vielleicht nicht so scheint, bei diesem Text handelt es sich um eine Aufforderung zum Widerstand, allerdings nicht um den Aufruf zu einer gewalttätigen Revolution. Die Verse zeigen vielmehr einen Weg auf, mit dem Autorität untergraben und damit die Legitimation der Besatzungsmacht in Frage gestellt wird.[30]

Jede der drei Aufforderungen stellt nämlich für die Mächtigen ein Problem dar: Wenn ein Rechtshänder auf die rechte Wange eines ihm gegenüber Stehenden schlägt, kann damit nur der herabwürdigende Schlag mit dem Handrücken gemeint sein, der deutlich machen soll, wer Herr und wer Untergebener ist. Das demonstrative Hinhalten der linken Wange ist also eine Aufforderung, den Geschlagenen als ebenbürtig zu behandeln, indem man ihn eines Schlages mit der Handfläche „würdigt", oder aber zu noch größerer Gewalt zu greifen, womit demonstriert wäre, dass es den Mächtigen nicht um die Aufrechterhaltung einer guten Ordnung, sondern um die Durchsetzung persönlicher Privilegien geht.

Noch eindrücklicher ist sicher die Anweisung, einem, der den Mantel nehmen will, auch noch den Rock zu lassen. Sinn macht diese Aufforderung nur, wenn es sich bei dem so Angewiesenen um einen mittellosen Tagelöhner handelt, dem vor Gericht die Kleidung auf dem Leib gepfändet werden soll. Der Beklagte geht hier noch einen Schritt weiter und überlässt seinen Gläubigern alles, was er besitzt. Indem er nackt bzw. in Unterwäsche das Gericht verlässt, zeigt

30 Mit dieser Thematik beschäftigt sich ausführlich Walter Wink: *The Powers That Be. A Theology for a New Millenium*, New York (USA) 1999.

er auf jedoch eindrückliche Weise die Ungerechtigkeit eines Systems, das unter dem Schein des Rechtes den Armen die letzten Lebensmöglichkeiten nimmt.

Die dritte Anweisung thematisiert schließlich direkt den Umgang mit den damaligen römischen Besatzern. Römischen Soldaten war es erlaubt, jeden Angehörigen eines besiegten Volkes zum Tragen von Lasten zu rekrutieren (so etwa Simon von Kyrene in Matthäus 27,32), allerdings nur bis zur Distanz von einer römischen Meile. Wenn Jesu Zuhörer also tatsächlich die Last nach einer Meile nicht zurückgegeben, sondern eine weitere getragen haben, machen sie aus einer täglichen Demütigung einen freiwilligen Liebesdienst und bringen zudem den Soldaten unter Umständen in Probleme, weil er nach einer Meile seine Last eigentlich einem anderen auflegen müsste. Beides untergräbt jedoch die Ordnung.

Alle diese Aktionen sind subversiv, weil sie denen, die entwürdigt werden sollen, einen Weg aufzeigen, wie sie ihre Würde bewahren bzw. wieder erlangen können. Zugleich demonstrieren sie, dass die bestehende Ordnung ungerecht und damit nicht von Gott ist. Den Unterdrückern wird also das entzogen, worauf sie ihre Macht aufbauen, sie verlieren die Legitimation und machen sich unter Umständen sogar lächerlich.

Gleichzeitig dürfte auch klar geworden sein, dass diese Form von Widerstand nicht leicht ist. Sie erfordert nicht nur Leidensbereitschaft, sondern auch den festen Glauben daran, dass Gott seine Herrschaft tatsächlich durchsetzen wird, dass also die bestehenden Verhältnisse eines Tages wirklich überwunden sein werden. Und um nichts anderes geht es in der Bergpredigt.

Was Jesus angestoßen hatte, führten seine Jünger weiter. Das frühe Christentum war eine große Widerstandsbewegung gegen die herrschende Ordnung. Ihren Anfang nahm sie in Jerusalem, wo die Apostel Petrus und Johannes mit ihrer Frage: „Urteilt selbst, ob es vor Gott recht ist, dass wir euch mehr gehorchen als Gott." (Apostelgeschichte 4,19) dem Hohen Rat die Legitimation entzogen. Aus der Versammlung der obersten Repräsentanten des Gotteswillens gegenüber dem Volk – in der sich Kollaboration und Autonomiestreben die

Hand gaben – wurde damit eine Gott eventuell entgegenstehende Macht. Wenig später wird Petrus noch deutlicher, indem er die Frage als Feststellung formuliert: „Man muss Gott mehr gehorchen als den Menschen“ (Apostelgeschichte 5,29).

Noch interessanter wird es, wenn wir den Boden Palästinas verlassen und uns in den durch und durch heidnisch geprägten Raum des römischen Reiches hineinbewegen. Wie wir später noch sehen werden, war das von Paulus verkündete Evangelium die Botschaft von einem Herrschaftswechsel in der Welt, die zwangsläufig in Konflikt mit den herrschenden Verhältnissen geraten musste. Herr ist nun der gekreuzigte und auferstandene Jesus Christus, nicht mehr länger der Kaiser in Rom, der sich selbst als „Herr der Herren“ verstand und entsprechend verehren ließ. Dass das keine theologische Floskel, sondern im tiefsten Sinne ernst gemeint war, macht einer der subversivsten Texte des Neuen Testaments deutlich:

> *„Jedermann sei untertan der Obrigkeit, die Gewalt über ihn hat. Denn es ist keine Obrigkeit außer von Gott; wo aber Obrigkeit ist, die ist von Gott angeordnet. Wer sich nun der Obrigkeit widersetzt, der widerstrebt der Anordnung Gottes; die ihr aber widerstreben, ziehen sich selbst das Urteil zu. Denn vor denen, die Gewalt haben, muss man sich nicht fürchten wegen guter, sondern wegen böser Werke. Willst du dich aber nicht fürchten vor der Obrigkeit, so tue Gutes; so wirst du Lob von ihr erhalten. Denn sie ist Gottes Dienerin, dir zugut. Tust du aber Böses, so fürchte dich; denn sie trägt das Schwert nicht umsonst: Sie ist Gottes Dienerin und vollzieht das Strafgericht an dem, der Böses tut. Darum ist es notwendig, sich unterzuordnen, nicht allein um der Strafe, sondern auch um des Gewissens willen. Deshalb zahlt ihr ja auch Steuer; denn sie sind Gottes Diener, auf diesen Dienst beständig bedacht. So gebt nun jedem, was ihr schuldig seid: Steuer, dem die Steuer gebührt; Zoll, dem der Zoll gebührt; Furcht, dem die Furcht gebührt; Ehre, dem die Ehre gebührt“ (Römer 13,1-7).*

Wir müssen diesen Abschnitt mit den Augen eines Menschen des ersten Jahrhunderts lesen, um ihn wirklich zu verstehen. Hier kehrt ein Angehöriger eines von Rom besiegten Volkes die Verhältnisse um. Aus dem heidnischen Herrn des Universums, dem als Sohn Gottes und „obersten Brückenbauer" zwischen Göttern und Menschen (lat. *pontifex maximus*) verehrten römischen Kaiser, wird bei Paulus ein Angestellter des jüdisch-christlichen Gottes. Dreimal werden er und seine Statthalter als „Diener Gottes" bezeichnet und ihre Legitimation ausschließlich von Gott abgeleitet. Der Herr der Welt verliert damit seine Stellung, legitimiert ist seine Macht nur, wenn sie den Willen Gottes umsetzt. Aus demjenigen, der das *imperium*, die höchste Befehlsgewalt besaß, wird damit eine Ordnungsinstanz, die ihrerseits an den Willen Gottes gebunden ist. Auch der heidnische Kaiser wird von Paulus auf diese Weise prinzipiell nicht anders verstanden als die Könige Israels im Alten Testament.

Paulus akzeptiert damit zwar den Kaiser als Ordnungsmacht, aber nur als Vertreter einer höheren Macht. Der Kaiser und die in ihm repräsentierte spirituelle Kraft Roms sind also nicht mehr die eigentlichen Herrscher des Universums. Über ihnen steht Gott, der Kaiser dagegen ist nichts weiter als sein Angestellter, eine Ordnungsmacht wie die örtliche Polizei und die Gerichte. Für die römischen Christen sind damit die Loyalitäten eindeutig geklärt. Stehen der Befehl des Kaisers und der offenbarte Wille Gottes einander entgegen, kann es daher keine Gewissenskonflikte mehr geben. Vielmehr ist von Anfang an klar, wem zu gehorchen ist, selbst wenn der Kaiser versuchen sollte, seine Herrschaft mit Gewalt durchzusetzen. Von diesem Verständnis der Obrigkeit hin zu einem Kaiser, der seine Knie vor dem auferstandenen Christus beugt, ist es nur noch ein kleiner Schritt, auch wenn er historisch noch für einige Jahrhunderte ausstehen wird.[31]

31 Die Römer 13 und anderen biblischen Texten zugrunde liegende Skepsis gegenüber dem Staat als Ordnungsmacht verdeutlicht, warum die in politisch eher „links" ausgerichteten Kreisen auszumachende Tendenz, in staatlichen Eingriffen und Regelungen *die* Lösung für die grundlegenden Probleme zu sehen, zu kurz greift. Nicht von ungefähr hat sich der „real existierende Sozialismus" vor allem als Staatskapitalismus entpuppt, durch den die mit dem Konsum verbundenen Probleme eher noch schlechter „gelöst" wurden als im „reinen" Kapitalismus. Staaten werden schließlich von Regierungen repräsentiert,

Dieselbe subversive Kraft entfaltet sich in anderen Texten des Apostels. In seinem Brief an die Korinther spricht er sich gegen die Ehe aus, die die soziale und wirtschaftliche Grundlage der antiken Gesellschaft war, „denn das Wesen dieser Welt vergeht" (1. Korinther 7,31). Mit dem in seinen Augen nahe bevorstehenden Untergang der herrschenden großen Ordnung werden demnach auch die kleinen Ordnungen fraglich. Im selben Schreiben wendet sich Paulus sogar gegen die Anrufung staatlicher Gerichte, denn Christen sollen ihr Recht nicht „vor den Ungerechten" suchen, sondern bei den „Heiligen" (1. Korinther 6,1). Im Hintergrund solcher Äußerungen steht also der Aufbau einer alternativen Struktur, die den heidnischen Staat überflüssig macht. Wenn nämlich tatsächlich die grundlegenden sozialen, wirtschaftlichen und rechtlichen Probleme von der Gemeinde gelöst werden können, wird die bestehende Ordnung nicht nur hinfällig, der Staat verliert als heidnischer Staat auch seine Legitimation, da er für die „Ungerechtigkeit" steht und nicht die „Heiligkeit".

* * *

Für manchen mag der Vergleich unserer Gesellschaftsordnung mit dem römischen Reich ebenso fremd sein wie die Aufforderung zum Widerstand. Ist das nicht zu dramatisch und die Erinnerung an die Anfänge der Kirche zu radikal? Leben wir nicht im christlichen Abendland, in dem Moral und Werte trotz mancher Probleme immer noch weitgehend von der Bibel geprägt sind?

deren Mitglieder nicht nur selbst zwangsläufig zur herrschenden Schicht gehören, sie haben auch in der Regel nur noch mit anderen Mächtigen aus Parteien, Wirtschaft und Interessengruppen zu tun. Insofern sollte man sich nicht wundern, dass sie allzu oft eher die Interessen der Reichen und Einflussreichen vertreten, andere lernen sie meist gar nicht kennen. Wie internationale Verhandlungen zeigen, sind zudem die Gemeinschaften von Menschen zu ähnlichem oder sogar noch größerem Egoismus fähig als einzelne Individuen. Für die Unterdrückten und Ausgebeuteten der Welt spielt es jedoch keine Rolle, ob ihnen aus „persönlichem Gewinnstreben" oder aus „nationalem Interesse" nicht geholfen wird. Vom Neuen Testament her betrachtet befindet sich der Staat daher immer zwischen den in Römer 13 und in Offenbarung 13 abgesteckten Polen. Er ist eine Ordnungsmacht, die die Tendenz zum „Tier" in sich trägt. Gerade aus diesem Grund sollten Christen mit dem Ruf nach dem Staat zurückhaltend sein.

Unser Verhalten wird entscheidend davon abhängen, wie wir diese Fragen beantworten. Denn je eher wir die bestehenden Verhältnisse mit dem Reich Gottes identifizieren (oder mit einer Vorstufe davon), desto mehr werden wir zu dem hinneigen, was weiter oben „Kollaboration" genannt worden ist. Markt und Konsum sind dann nicht nur neutral, sondern Mittel und Wege Gottes, um in der Welt Ordnung zu schaffen und zu erhalten. Und als solche können sie folglich bedenkenlos von Kirche und Gemeinde gebraucht werden. Damit wäre jedoch auch ein konsumorientiertes Christentum nicht nur erlaubt, es wäre geradezu geboten, wenn man die Menschen von heute erreichen will, die eben in erster Linie Konsumenten sind.

Allerdings dürfte mittlerweile klar geworden sein, dass unser Weg nicht der des Reiches Gottes ist, sondern ein Weg der Zerstörung. Wir dürfen uns daher nicht auf die Rolle des Beobachters und in vielen Bereichen sogar des Nutznießers zurückziehen. Gerade die alttestamentlichen Propheten lassen nämlich keinen Zweifel daran, dass wir uns nicht einfach auf unsere private Frömmigkeit beschränken und dabei Ungerechtigkeit und Unterdrückung ignorieren dürfen.[32] Schlichtweg die Augen zu verschließen und ohne nachfragen weiterzukonsumieren, ist also keine gottgewollte Option. In vielen Bereichen gleicht unser Lebensstil nämlich einem Krebsgeschwür, also Zellen, die nicht mehr für das Wohl des Ganzen arbeiten, sondern sich wild vermehren und dabei die Ressourcen des Körpers erschöpfen. Wer jedoch mit einem Krebsgeschwür zu kämpfen hat, der kann sich nicht auf das Erhalten lebenswichtiger Organe beschränken, schließlich befindet sich der Körper in einem Konflikt auf Leben und

32 Hier sollen nur zwei Beispiele genannt werden, Jesaja 58 und Amos 5. Was dort über die unterdrückende Oberschicht Israels gesagt wird, sollte uns eine Warnung sein, denn weltweit betrachtet stellen wir die Oberschicht dar, die in ihrem sorglosen Umgang mit den Herausforderungen ihrer Zeit den Reichen des achten vorchristlichen Jahrhunderts gleicht. Besonders pikant ist dabei sicher, dass sich Amos auch mit denen auseinandersetzt, „die des HERRN Tag herbeiwünschen. Was soll er euch? Denn des HERRN Tag ist Finsternis und nicht Licht, gleichwie wenn jemand vor dem Löwen flieht und ein Bär begegnet ihm und er kommt in ein Haus und lehnt sich mit der Hand an die Wand, so sticht ihn eine Schlange! Ja, des HERRN Tag wird finster und nicht licht sein, dunkel und nicht hell" (Amos 5,18-20). Gerade Letzteres ist eine ernst zu nehmende Warnung an heutige Christen, die ihre Verantwortung in dem herrschenden System nicht wahrhaben wollen und sich stattdessen ganz auf seine Abschaffung durch Gott konzentrieren.

Tod. So müssen auch wir diesen Krebs besiegen oder wir werden an ihm untergehen.

Der Anfang des Widerstandes besteht deshalb genau in dieser Erkenntnis: Die Welt ist ein besetztes Land, das von den Mächten des Konsums beherrscht und ausgebeutet wird. Ihre Tempel sind die Kaufhäuser und Shoppingportale dieser Welt, ihre Priester sind Politiker, die uns zu ständig neuem Konsum aufrufen, ihre Evangelisten die Werbeleute, ihre Generäle die Lenker der weltweiten Konzerne. Doch Vorsicht, damit bekommen die Mächte des Konsums nur Gesichter und Orte, mehr nicht. Es bleibt freilich eine grundlegende Erkenntnis des Christentums, dass wir „nicht mit Fleisch und Blut zu kämpfen haben, sondern mit Mächtigen und Gewaltigen, nämlich mit den Herren der Welt, die in dieser Finsternis herrschen, mit den bösen Geistern unter dem Himmel“ (Epheser 6,12). Hier geht es also um das, was wir heute „Systeme“ nennen würden, die Antike jedoch „Mächte“. Und weil das so ist, ist jeder Hass unangebracht. Im Gegenteil, wir sind aufgefordert, alle Menschen zu lieben, selbst dann wenn sie uns als Feinde gegenübertreten sollten, gerade weil wir wissen, dass auch sie nur Opfer sind, die unter den Mächten genauso leiden wie alle anderen auch.[33]

33 Hier ist es wichtig sich vor Augen zu halten, dass auch die superreichen Gewinner unseres Systems letztlich Opfer sind, selbst wenn das in diesem Leben nicht so scheint. Jesus macht freilich an verschiedenen Stellen deutlich, dass Reichtum ein Hindernis auf dem Weg zur Gotteserkenntnis ist. Der Reiche nimmt die Welt schließlich nicht so wahr, wie sie tatsächlich ist, sein Reichtum verstellt ihm nämlich nicht nur den Blick für die Leiden der Schöpfung, sondern auch ganz grundlegend auf ihre Beziehungen (vgl. etwa Jesu Gleichnisse vom reichen Mann und dem armen Lazarus (Lukas 16,19-31) oder vom reichen Kornbauern (Lukas 12,16-21)). In unserer Gesellschaft erkennen wir zudem immer mehr, wie recht Jesus damit hatte, als er den Besitz von vielen Gütern als „Schaden“ für die Seele bezeichnete (Matthäus 16,26): Je reicher wir werden, desto weniger stellen wir selbst her, weil wir uns ja alles kaufen können. Das zerstört auf Dauer nicht nur unsere Kreativität, es radikalisiert auch die Sinnfrage. Ein Reicher hat außer dem Konsum keinen Lebenszweck mehr, ist aber gerade im Konsum austauschbar mit jedem anderen Angehörigen seiner Schicht, von dem er sich durch Luxusgüter nicht mehr absetzen kann. Wenn aber unsere Persönlichkeit das einzige ist, was über den Tod hinaus Bestand hat, dann ist es deshalb gerade um die Reichen schlecht bestellt. Da sie sich immer wieder aus Krisen „herauskaufen“ konnten, statt sich ihnen in der Gemeinschaft mit anderen zu stellen, sind sie nicht nur in ihrer Persönlichkeitsentwicklung beeinträchtigt, es mangelt ihnen auch an Gemeinschaftsfähigkeit. Beides sind jedoch Grundvoraussetzungen für das Reich Gottes. Zieht man darüber hinaus die Bilanz eines Lebens, so fällt sie für den besonders ungünstig aus, der trotz begrenzter Ressourcen nur maßlos genommen, aber nicht viel gegeben hat. Schon allein daraus ergibt sich der Gedanke des himm-

Deshalb sehen wir im Neuen Testament an keiner Stelle irgendeinen Aufruf zum Hass oder zum gewaltsamen Widerstand gegen Menschen oder das, was ihnen wichtig ist. Die Göttertempel bleiben bestehen, die Christen sollen sie nur nicht mehr betreten. Ihren Priestern sollen sie mit Liebe begegnen und daran denken, dass auch sie selbst „früher gelebt [haben] nach der Art dieser Welt, unter dem Mächtigen, der in der Luft herrscht, nämlich dem Geist, der zu dieser Zeit am Werk ist“ (Epheser 2,2), bis sie durch Gottes Gnade davon befreit worden sind. Hass oder gar Gewalt ist daher nicht der Weg dessen, der noch am Kreuz für seine Peiniger gebetet hat. Und es ist auch nicht der Weg des Apostels, der selbst in dem Kaiser Nero noch einen Diener Gottes erkennen konnte.

Betrachten wir unsere heutige demokratisch verfasste Gesellschaft, sind Hass und Aggression sogar noch weniger angebracht. Im Gegensatz zum römischen Reich mit seinem staatlich verordneten Religionszwang, der bis hin zu Christenverfolgungen gehen konnte, wird bei uns keiner zum Konsum genötigt. Nicht Manager, Werbeleute oder Politiker halten also die Konsumgesellschaft am Laufen, sondern wir alle. Mit jedem Kauf stärken wir das System, mit jeder Konsumentscheidung legitimieren wir es als Ordnungsmacht. Ihm diese Legitimation zu entziehen, ist deshalb die eigentliche Aufgabe des Widerstandes, nicht der Kampf gegen seine vermeintlichen Vertreter. Erfolgversprechend ist in dieser Hinsicht jedoch nur der Weg der neutestamentlichen Gemeinde, nämlich indem wir dem Konsumsystem zeigen, dass wir es nicht nur nicht brauchen, sondern dass es auch keine Ordnungsmacht darstellt.

* * *

In unserer prinzipiell maßlosen Gesellschaft gilt es deshalb als einen ersten Schritt das Maß wieder zu finden. In dem zwar komplexen, in jeder Hinsicht jedoch endlichen System unseres Planeten darf jeder

lischen Ausgleichs, der nicht nur die Verkündigung Jesu prägt (vgl. etwa Lukas 16,25). Wenn aber Gott „die Hungrigen mit Gütern füllt und die Reichen leer ausgehen lässt“ (Lukas 1,53), dann sind die Reichen auf lange Sicht die größten Opfer des von ihnen geschaffenen und aufrechterhaltenen Systems.

schließlich nur so viel verbrauchen, wie er wieder zurückgibt, sonst wird das Gleichgewicht gestört. Über diesen Punkt sind wir jedoch längst hinaus. Insofern kann das Maßhalten nur ein erster Schritt sein. Man sollte ihn dennoch nicht unterschätzen, denn auch er geht gegen die Basis unseres Konsumsystems. Würden tatsächlich keine neuen Autos, Kaffeeautomaten, Multimediaartikel und Kleidungsstücke mehr gekauft, es sei denn, ein nicht mehr reparierbares, aber notwendiges altes Gut wird durch sie ersetzt, stünde unsere Wirtschaft vor dem Kollaps, denn unser Wohlstand beruht auf dem Immermehr in allen Bereichen. Damit haben wir jedoch die Wahl zwischen Pest und Cholera: Entweder kollabiert unser Wirtschaftssystem oder der Lebensraum unseres Planeten.[34]

Wenn wir es jedoch nicht nur mit unserem Widerstand, sondern auch mit der Rettung unseres Planeten ernst meinen, dann muss auf das Maßhalten die Wiederentdeckung des asketischen Ideals folgen. Nicht nur die Bibel, die ganze antike Kultur schätzte etwa das Fasten als Ausdruck der Selbstbeschränkung. In einer Kultur der Armut mit

34 Die dritte Möglichkeit, dass beides gleichermaßen kollabiert, indem zum Beispiel eine drastische Klimaveränderung auch unser Wirtschaftssystem in den Abgrund zieht, ist damit noch gar nicht erwähnt. Bei unseren Überlegungen sollten wir zudem eine Tatsache nicht außer Acht lassen: Mit der internationalen Arbeitsteilung, bei der Waren und ihre Vorprodukte in der Regel nicht nur über große Distanzen transportiert werden, sondern auch überhaupt erst durch den massiven Einsatz fossiler Energiequellen hergestellt werden können, hat unser System eine bedrohliche Komplexität erreicht. Komplexe Systeme tendieren freilich nicht zum schleichenden Niedergang, sondern zum plötzlichen Kollaps, wie wir etwa in der Bankenkrise gesehen haben. Entsprechendes gilt für alle Bereiche. Wenn beispielsweise der Ölpreis langsam steigt, kann sich unser System anpassen, schnellt er dagegen plötzlich in die Höhe, kommt es zwangsläufig nicht nur zu Engpässen, sondern zu Ausfällen innerhalb des Systems. Wie gravierend die sein könnten, wird im Bereich der Landwirtschaft deutlich, in dem augenblicklich traditionelle Nutztierrassen aussterben und durch hochgezüchtete Formen ersetzt werden, die in das Massentierhaltungssystem der industriellen Landwirtschaft passen. Ein deutscher Großbetrieb mit Zigtausend Tieren, der über keine eigene Weidefläche mehr verfügt, sondern durch Soja-Lieferungen aus Amerika versorgt wird, hat nur solange wirtschaftliche Vorteile gegenüber einem traditionellen Bauern, so lange der Energiepreis unter einem bestimmten Niveau bleibt. Dann verdrängt er die kleinen Betriebe. Sollte der Ölpreis jedoch (etwa aufgrund einer Krise in einem Hauptlieferland wie Saudi-Arabien) sprunghaft in die Höhe schnellen und dauerhaft auf diesem Niveau verharren, kann dieses Geschäftsmodell freilich nicht mehr aufrechterhalten werden. Allerdings kann man die neuen „Hochleistungsrassen" ebenso wenig auf die Weide schicken wie sich die ausgestorbenen kurzfristig nachzüchten lassen. Das Ergebnis ist also nicht etwa nur eine Verteuerung der Lebensmittel, sondern unter Umständen ein Kollaps in der Nahrungsmittelversorgung – nämlich dann, wenn keine schnellen Auswege mehr existieren.

ihren spürbar begrenzten Ressourcen gehören Fasten und Feiern zudem zusammen, denn das Fasten macht das Feiern überhaupt erst möglich. In unserer maßlosen Kultur sind dagegen auch die Feiern leer geworden, weil wir uns in einem nie endenden Festrausch befinden, in dem gutes Essen, arbeitsfreie Zeit und Geselligkeit längst keine besonderen Akzente mehr setzen.

Gerade aus diesem Grund haben wir Askese umso nötiger. Wer sich in der Regel zu Fuß auf den Weg macht, weiß das Fahrrad zu schätzen; wer mit öffentlichen Verkehrsmitteln unterwegs ist, freut sich auf die Fahrt mit dem eigenen Auto. Beschränkter Wohnraum führt zu einem neuen Raumgefühl, einfache Kost schärft die Sinne für das Festessen. Richtig verstanden ist Askese damit ein Weg zur Selbstfindung, weil wir erst durch den Verzicht erkennen, wer wir wirklich sind. Askese beginnt deshalb mit der Trennung von Alltag und Fest, sie macht beides unterscheidbar, indem sie den Alltag herabstuft, da man die sinnlichen Genüsse des Festes irgendwann nicht mehr steigern, sondern nur noch verteuern kann. Doch dabei bleibt die Askese nicht stehen, weil sie eine Reduzierung auf das Wesentliche darstellt. Erst durch den Verzicht erkennen wir nämlich, wie wenig wir tatsächlich brauchen, erst dadurch stellt sich deshalb Freiheit ein. Wer nur wenige Bedürfnisse hat, ist schließlich sehr viel weniger gebunden als einer, der vielen Befriedigungen nachjagt. Denn paradoxerweise macht das Wenige glücklich, das Viele dagegen nicht.[35]

35 Diese Wahrheit prägt ein Märchen, das in der Konsumgesellschaft zum Standardrepertoire in Schulen gehören sollte: das Märchen vom Fischer und seiner Frau. Während der Fischer in seiner Armut glücklich ist, weil er genug zum Leben hat, möchte seine Frau immer mehr. Bezeichnend ist allerdings, dass sie in ihrem Weg nach oben keine Grenze kennt. Noch an dem Tag, an dem sie reich geworden ist, möchte sie Edelmann sein, dann König, dann Kaiser, dann Papst, schließlich wie Gott selbst. In all dem zeigt das Märchen zudem deutlich die Entfremdung, die mit dem sozialen Aufstieg einhergeht. Zu Anfang musste die Frau ihren Mann noch davon überzeugen, zum „Butt" zu gehen und um Reichtum zu bitten, im Zuge der Geschichte genügt es zu befehlen und mit Strafe zu drohen. Mit König, Kaiser und Papst diskutiert man eben nicht, deren Entscheidungen sind unhinterfragbar. Damit verpasst die Frau jedoch jede Chance, rechtzeitig innezuhalten. Die deutlich sichtbaren Gefahrenzeichen (immer dunkler werdender Himmel und ständig aufgewühltere See) bekommt sie freilich nicht einmal mehr mitgeteilt, weil sie ihren Mann nicht anhören und ausreden lassen will, für sie ist er schließlich nur noch ein Befehlsempfänger. Die Geschichte endet offen: Als die Frau wie Gott sein will, sitzt sie wieder in ihrer armseligen Hütte – wobei unbestimmt bleibt, ob es sich dabei um eine Konsequenz aus ihrem jedes Maß sprengenden Hochmut handelt oder der Wunsch gerade in Erfüllung ging. Schließlich

Mit der Askese ist also eine neue Wertschätzung der Dinge verbunden, denn je weniger einer hat, desto wertvoller ist ihm sein Besitz. Der mit dem Konsum verbundenen Entwertung aller Dinge wird damit eine Neubewertung entgegengesetzt. Diese wird noch verstärkt, wenn das Eigene auch tatsächlich das Eigene und nicht nur das Erworbene ist. Das Herstellen von Dingen für den täglichen Gebrauch, der Erwerb von grundlegenden Fähigkeiten ist deshalb Teil der Antwort auf die Sinnfrage. Wir bekommen einen Wert, wenn wir etwas zu geben haben und nicht immer nur Nehmende sind. Kochen, backen, Hand- und Heimwerkerarbeiten, Hausmusik oder künstlerische Tätigkeiten sind deshalb grundlegend, wenn wir dem auf Konsumdenken beruhenden fragilen Selbstwertgefühl etwas Tieferes entgegensetzen wollen. Prinzipiell lassen sich diese Tätigkeiten zudem ständig weiter ausdehnen, etwa indem die Nahrungszubereitung auch auf bäuerliche Bereiche übergreift oder die Heimwerkerei immer mehr Gebiete umfasst. Damit jedoch bekommen wir immer mehr ein Gefühl für den Wert der Dinge und damit der Schöpfung. Gleichzeitig kommen wir den natürlichen Prozessen immer näher und verstehen so besser, wie Gottes Schöpfung aufgebaut ist.

Zur Reduktion auf das Wesentliche gehört auch, dass wir auf alles verzichten, was in der Konsumgesellschaft mit Status verbunden ist. Gerade am Umgang mit diesen Dingen zeigt sich nämlich, wie sehr wir tatsächlich hinter dem System stehen. Mit Statusfragen ist schließlich eine Definition verbunden, die in der Konsumgesellschaft durch entsprechende Logos und Moden ausgedrückt wird. Denn bei den Logos handelt es sich nicht um neutrale Kennzeichnungen, sondern um Wertzuweisungen, die darüber entscheiden, was und wer „in" oder „out" ist.[36] Logos sind die Flaggen der Konsumgesellschaft, ihre Verwendung ist damit ein Ausdruck der Loyalität gegenüber dem System. Damit erfüllen sie freilich die gleiche Funktion wie die

---

kam Gott in einem Stall zur Welt und starb in äußerster Armut am Kreuz. Reichtum ist also nicht der Weg zu Gott.

36 Das zeigt sich unter anderem daran, dass mittlerweile der Marktwert einer Marke vor allem über die Werbung generiert wird. Werbung ist jedoch nichts weiter als die Generierung eines dem Logo zugemessenen Wertes, den sich die einzelnen Produkte wiederum von diesem leihen.

Götzenbilder der Antike, indem sie abstrakte „Werte“ versinnbildlichen. Mit dem Anbringen eines Logos bekommt ein ansonsten gewöhnliches Produkt also einen transzendenten Wert zugewiesen, an dem der Käufer durch den Konsum des Produktes teilzuhaben hofft. Weil Logos jedoch den Götzenbildern der Antike entsprechen, sollten wir sie auch so behandeln.[37]

Wie das aussehen kann, machen die Anweisungen des Apostels Paulus in Bezug auf das heidnischen Göttern geopferte Fleisch deutlich, das man auf den antiken griechischen Märkten kaufen konnte (vgl. 1. Korinther 8,1-13; 10,14-31). Im Gegensatz zum in Kategorien von rein und unrein denkenden Judentum empfiehlt der Apostel den Christen bezeichnenderweise nicht den Aufbau einer Parallelstruktur, die dazu geführt hätte, dass alles Säkulare auch noch einmal in „christlicher“ Form existiert. Vielmehr wird das Götzenopferfleisch genauso für Gott in Beschlag genommen wie anderswo der römische Kaiser. Christen sind nur Gott verpflichtet, die heidnischen Götter dagegen gibt es nicht (1. Korinther 8,4-6). Damit jedoch sollen sie bei der Entscheidung für oder gegen den Kauf eines bestimmten Lebensmittels keine Rolle spielen. Ein Christ darf daher nicht nur alles essen, er dankt auch für alles seinem Gott – selbst dann, wenn das Fleisch von heidnischer Seite mit einem anderen Gott in Verbindung gebracht wurde.

Lassen sich Fleischgenuss und Götzenopfer freilich nicht trennen, etwa weil es sich um eine Opfermahlzeit in einem der heidnischen Tempel handelt (1. Korinther 8,10; 10,21), dann sieht die Sache anders aus. Denn hier ist vom Christen ein deutliches Bekenntnis zu seinem Gott gefragt, was eben die Verweigerung des Fleischgenusses miteinschließt. Im Zentrum der Überlegungen steht damit die Frage, welche Loyalitäten durch das Verhalten der Christen zum Ausdruck

37 Das bedeutet freilich nicht, dass wir sie um jeden Preis meiden sollten, was in vielen Fällen nicht möglich sein wird (etwa bei Großgeräten, Elektroartikeln o. Ä.). Auch in der Antike waren die Götzenbilder nicht vermeidbar, schließlich waren u. a. auf Münzen Darstellungen des Kaisers als Gott aufgeprägt. Die in Matthäus 22,15-22 geschilderte Begebenheit macht die damit verbundene Problematik deutlich. Für die Pharisäer war die Steuermünze schlichtweg unrein, weil sie einen Verstoß gegen das zweite Gebot darstellte. Aber auch für Jesus war sie kein „neutrales Zahlungsmittel“, sondern eine Loyalitätsbekundung, die dem nicht im Wege stehen darf, „was Gottes ist“.

gebracht werden, womit die Frage nach der Transparenz der dahinterliegenden Maßstäbe eng verbunden ist.

In Bezug auf unsere Ausgangsproblematik, dem Umgang mit Logos und Statussymbolen, lassen sich daraus einige Schlüsse ziehen: Auch wenn wir sie analog zu Götzenbildern betrachten sollten, heißt das nicht, dass wir sie um jeden Preis meiden müssen. Das Ergebnis wäre eine Parallelstruktur mit „christlicher" Kleidung und Ähnlichem. Die Frage, was das Christliche ausmacht, würde damit jedoch nicht nur nicht geklärt, sondern in ihrer Beantwortung eher noch erschwert. Als Christen sind wir vielmehr dazu aufgerufen, die Logos völlig zu ignorieren – und gleichzeitig die ihnen innewohnenden Gefahren zu erkennen. Außenstehende könnten nämlich vermuten, dass wir uns über die mit ihnen verbundenen Wertanmutungen definieren, womit wir nicht anders wären als der Rest der Konsumgesellschaft. Wo dieser Eindruck naheliegt, wo es sich also nicht um die Wahl des besseren Produktes, sondern um eine Status- und damit Loyalitätsfrage handelt, müssen wir um unseres Bekenntnisses zu Gott willen Abstand nehmen. Wo das der Fall ist, entscheidet wie bei den Korinthern nicht der Einzelne nach Gutdünken, sondern die Gemeinschaft. Im Gegensatz zum recht einfachen Konzept von rein und unrein haben wir es hier also mit einer sehr reflektierten und flexiblen Vorgehensweise zu tun.

Doch nicht nur die Logos bereiten uns Kopfzerbrechen. Ein Ausdruck der Loyalität sind auch die verschiedenen Rituale, die unsere Gesellschaft in konsumistischer Weise zusammenhalten. Das erschreckendste Beispiel dafür ist sicher Haloween, eine „Feierlichkeit", die aus reinem Geschäftsinteresse nicht nur innerhalb kürzester Zeit aus einem völlig anderen Hintergrund in den unsrigen übertragen worden ist, sondern mittlerweile auch so erfolgreich vermarktet wird, dass sich der Einzelne dem kaum noch entziehen kann. Aber auch Feste wie die ursprünglich heidnische Geburtstagsfeier oder die christlichen Feiertage Weihnachten und Ostern sind längst Ausdruck der Konsumloyalität. Wer dort anderen keine teuren Geschenke macht, vermittelt ihnen also nach landläufiger Meinung, dass sie keinen Wert haben (bzw. dass er selbst nicht über die entsprechenden

Werte verfügt, die eine solche Weitergabe ermöglichen). Das Mindeste, was wir tun sollten, ist deshalb, den christlichen Gehalt der Feiertage zurückzuerobern, indem wir uns weigern, sie weiterhin vor allem dem Konsum zur Verfügung zu stellen.

Mit Verzicht allein ist es freilich noch nicht getan. Wir werden schließlich den Konsum nicht gänzlich einstellen können. Deshalb ist es wichtig, den verbleibenden Anteil an der richtigen Stelle zu decken. Statt unsere Loyalität dem Konsum zu geben, sollten wir sie lieber denen gegenüber ausdrücken, die sich ebenfalls von dem System nicht vereinnahmen lassen wollen. Es gibt mittlerweile eine Fülle von Unternehmen und Initiativen, die sich dem allgemeinen Konsumstreben widersetzen und andere Werte verfolgen als die, die sich in Geld ausdrücken lassen.[38] Und mit einem Mal hat Einkaufen tatsächlich wieder etwas mit Freiheit zu tun. Doch statt uns zwischen der „Premium"-Linie und dem „Billig"-Label desselben Konzerns zu entscheiden, treffen wir eine andere Wahl: Wollen wir die Konsumierung der Welt fördern und Konzerngewinne erhöhen oder lieber diejenigen unterstützen, die sich zum Beispiel für Menschenwürde, Tierschutz und die Erhaltung der Schöpfung einsetzen? Damit haben wir eine echte Wahl, weil wir es nämlich mit zwei unterschiedlichen Wertkonzeptionen zu tun haben – womit auch unsere Entscheidung zu einer echten Loyalitätsbekundung wird.

Eine Sache sollten wir über all dem freilich nicht vergessen: die öffentliche Demonstration. Es ist gut, wenn wir dem Konsumdenken den Rücken kehren, es ist noch besser, wenn wir andere auf diesen Weg mitnehmen. Das gilt nicht nur für einzelne Personen, sondern auch für ganze Unternehmen. Wenn eine Bekleidungskette Kunden verliert, weiß sie noch nicht, warum. Haben sich dagegen nicht wenige vorher zum Beispiel nach den bei ihr geltenden Umwelt- und Sozialstandards erkundigt und dann ihr Fernbleiben mit Defiziten in

38 Zu ihnen gelangt man über die Homepages von Umweltorganisationen bzw. durch die Eingabe von Begriffen wie „nachhaltig", „ökologisch", „Sozialstandard" o. Ä. in Internet-Suchmaschinen. Hilfreich ist auch die Suche nach Produktsiegeln, die mit einem strengen Maßstab verbunden sind wie etwa „Bioland" oder „Transfair". Nicht zuletzt helfen entsprechende Bücher wie die bereits erwähnten von Tanja Busse und Fred Grimm, um nur zwei zu nennen.

diesen Bereichen begründet, weiß der Konzern, wo die Loyaliäten seiner Kunden sind. Und wenn es genügend sind, dann wird er sich bewegen. Denn hier kommt uns ein von der Konsumgesellschaft selbst geschaffenes Phänomen zugute: Da der Marktwert einer Ware vor allem vom Markenimage abhängt, wirkt sich nichts so verheerend aus wie eine Beschädigung des Namens, indem man ihn mit Ausbeutung, Umweltverschmutzung und Ähnlichem verbindet. Gerade dadurch verfügen lautstarke Konsumenten über eine große Macht – allerdings nur, wenn sie sie zu nutzen wissen.

Machen wir uns dennoch nichts vor. Wenn sich die Konsumverweigerung so durchsetzt wie das frühe Christentum, dann werden die Tempel verweist dastehen und die Konsumnachfrage bricht zusammen. In einer Gesellschaft, die ihre Werte zunehmend auf den Geldwert reduziert und in der damit alles auf die mit ständig steigendem Konsum verbundene Wertschöpfung hinausläuft, wird das unabsehbare Folgen haben. Um so wichtiger ist es, dass wir bereits jetzt eine Keimzelle legen, um die herum Neues entstehen kann – so wie auch die Kirche als einzige Institution den Untergang der Antike überlebt und ihr Erbe bewahrt hat. Widerstand darf sich schließlich nicht im Subversiven erschöpfen, will er überzeugend sein, muss er auch ein alternatives Modell anbieten. Darüber soll im Folgenden nachgedacht werden.

Gottes Größe und seine sich ausbreitende Heiligkeit

Eines der großen Probleme unserer Welt besteht darin, dass wir im Augenblick leben und uns nur wenig Gedanken über die Folgen machen. „Sorgt nicht für den morgigen Tag“, der Rat Jesu aus der Bergpredigt (Matthäus 6,34), der nicht wenigen Christen in der praktischen Umsetzung einige Schwierigkeiten bereitet, scheint paradoxerweise das Lebensmotto der Konsumgesellschaft zu sein. Morgen zählt dort genauso wenig wie gestern, es existiert nur das Heute. Wir sind, was wir heute sind, leben im Augenblick, haben keine Vergangenheit, und auch die Zukunft gibt es nur als unüberschaubares Angebot verschiedener Optionen. Wie die Bienen von Blüte zu Blüte fliegen, irren auch wir über die große Wiese der Konsummöglichkeiten und machen uns keine Gedanken über unseren Weg, weil wir kein Ziel vor Augen haben. In einem konsumorientierten Christentum zählt deshalb das momentane Erleben alles, während die Geschichte verblasst. Es geht nicht um das große Ganze, sondern ausschließlich um den winzigen Ausschnitt, den wir darin einnehmen. Konsumorientierung ist die Verkürzung der Welt auf unseren Platz in ihr.

Wenn wir aus dem konsumorientierten Christentum ausbrechen und zu den biblischen Wurzeln zurückgehen wollen, müssen wir deshalb an dieser Stelle ansetzen. Vor jeder theologischen Überlegung muss eine Ausweitung des Sichtfeldes stehen. Wir müssen den engen Raum der eigenen Befindlichkeit verlassen und das große Ganze in den Blick nehmen, um in einem zweiten Schritt danach zu fragen, wo unser Platz darin besteht. Richtig verstanden handelt es sich dabei also um eine Befreiung, aber nicht im ganz zu Anfang ausgeführten Sinn. Im Gegensatz zu unserem konsumistischen Freiheitsideal geht es hier nämlich nicht um eine Entgrenzung um ihrer selbst willen, sondern um eine Schärfung der Wahrnehmung. Die Tür wird aufgestoßen, die Rollläden werden geöffnet. Und damit erkennen wir vielleicht zum ersten Mal, dass da draußen eine Welt ist, von der wir bisher nur wenig geahnt haben.

Die biblische Offenbarung ist ein solcher Befreiungsschlag. Sie lässt den Menschen über die Grenzen seiner bisherigen Wahrnehmung hinaus in eine Welt schauen, die viel größer ist als seine eigene und von der die eigene überall bestimmt wird. Die Bibel tut das in Form einer Geschichte, der großen Geschichte Gottes mit der Welt, die mit einer großen Vision beginnt und mit einer noch größeren endet.

„Am Anfang schuf Gott Himmel und Erde.“ Mit diesen dürren Worten beginnt das Buch der Bücher, mit Worten, deren Bedeutungsgehalt wir auch Jahrtausende, nachdem sie aufgeschrieben wurden, noch nicht einmal erahnen können. Wer in den Nachthimmel schaut, kann an klaren Tagen rund sechstausend Sterne mit bloßem Auge erkennen. Es geht aber um viel mehr. Wir sind Teil des Universums, einem Raum von schier unvorstellbarer Größe, bestehend aus Billionen von Galaxien, von denen unsere Milchstraße eine ist und in der unser Sonnensystem wiederum nur eines von mehreren hundert Milliarden ist.

Aber schon dieses vergleichsweise kleine Sonnensystem sprengt unsere Vorstellungskraft. So ist das Licht unseres zentralen Gestirns acht Minuten unterwegs, bevor es die Erde erreicht (das des Mondes dagegen nur etwas mehr als eine Sekunde), bis zur „Oortschen Wolke“, der angenommenen äußersten Grenze unseres Sonnensystems, braucht das Sonnenlicht rund anderthalb Jahre. Vor diesem Hintergrund erscheint es geradezu unnötig festzustellen, dass der allergrößte Teil des Universums dem Menschen nicht zugänglich ist und selbst mit heute unvorstellbaren Möglichkeiten niemals zugänglich sein wird. Schließlich reden wir von einem Raum, der einen geschätzten Durchmesser von 78 Milliarden Lichtjahren[39] hat – und sich ständig weiter ausdehnt.

Eine andere Form scheinbarer Unendlichkeit zeigt sich in dem Bereich, der dem Universum sozusagen gegenübersteht, dem der Atome. Atome sind nicht nur der kleinste Bestandteil unserer Welt, sie sind auch nahezu unzerstörbar und damit das Langlebigste, was wir kennen. Rechnerisch betrachtet erreicht ein Atom eine Lebensdauer von 10^{35} Jahren, also eine Zahl mit einer 1 und dahinter 35 Nullen. Diese Zahl ist selbstverständlich nur theoretisch, denn sie ist weit größer als das geschätzte Alter des Universums selbst, das nach allgemeiner Auffassung längstenfalls einige Milliarden Jahre alt ist – womit wir nur bei 10^9 oder 10^{10} Jahren wären. Mit anderen Worten: Unser Leben ist nur ein verschwindend kleines Durchgangsstadium für die Atome, aus denen wir bestehen. Einige von ihnen waren schon Dinosaurier, Martin Luther, Teil des Pazifischen Ozeans oder gehörten zur vulkanischen Asche, die Pompeii unter sich begrub. Wie

39 Ein Lichtjahr entspricht einer Distanz von 9,5 Billionen Kilometern, also $9{,}5 \times 10^{12}$ km. 78 Milliarden Lichtjahre sind demnach 741×10^{21} km, also eine Zahl mit 21 Nullen – so groß, dass es dafür in der deutschen Sprache kein Wort mehr gibt. Vielleicht sollte noch erwähnt werden, dass Lichtgeschwindigkeit die schnellste physikalisch denkbare Fortbewegung ist, womit wir selbst dann, wenn wir tatsächlich Lichtgeschwindigkeit erreichen sollten, die Grenzen des Universum niemals erreichen werden, auch nicht bei (bisher physikalisch undenkbarer) Fortbewegung mit zehn-, hundert- oder gar tausendfacher Lichtgeschwindigkeit. Selbst im letzten Fall würde die Durchquerung des Universums immer noch 78 Millionen Jahre dauern.

beim Universum mit seinen unvorstellbaren räumlichen Distanzen haben wir es im atomaren Bereich also mit einer unvorstellbaren zeitlichen Ausdehnung zu tun.

Alle Theologie spielt sich deshalb zwischen zwei Polen ab: der Größe Gottes als Schöpfer und der Begrenztheit des Menschen als verschwindend kleiner und unbeständiger Teil seiner Schöpfung. Wenn wir von Gott sprechen, reden wir von einem Sein, das das All geschaffen hat – und noch viel mehr, schließlich sind wir noch gar nicht auf die geistige Welt des Himmels eingegangen, von der in 1. Mose 1,1 ebenfalls gesprochen wird, die für uns aber noch weniger erkennbar ist als die diesseitige Wirklichkeit. Vor dieser Größe verblasst der Mensch zur Unscheinbarkeit, selbst die Erde, unser Sonnensystem oder die Galaxie der Milchstraße sind nicht mehr erkennbar. Soll unsere Theologie nicht konsumorientiert das Individuum im Mittelpunkt haben, muss sie in der Ehrfurcht und dem Staunen über diesen Unterschied ihren Ausgangspunkt nehmen.

Mit der Erschaffung des Universums beginnt nach der Bibel die große Geschichte Gottes mit der Welt. Auf das majestätische erste Kapitel, das in hymnischer Form die Größe Gottes bei der Erschaffung des Universums besingt, folgt deshalb das zweite, in dem die Welt als Garten geschildert wird. Gott und Mensch kommen darin einander so nahe, dass das Alte Testament, das ansonsten jedes Gottesbild strikt ablehnt, nicht davor zurückscheut, Gott mit menschlichen Zügen zu versehen und ihn beim Abendspaziergang im Garten zu zeigen (1. Mose 3,8). Die ersten beiden Kapitel der Bibel stecken damit den Rahmen, in dem sich die weitere Geschichte abspielt. Neben der unendlichen Größe Gottes geht es auch um seine Nähe. Er ist bei den Menschen, beugt sich herab, nimmt mit ihnen Beziehung auf.

An dieser Stelle sollten wir einem Moment innehalten. Der unbegreifliche, unendliche, für unser Denken niemals erfassbare Gott von 1. Mose 1 und der nahe, menschliche, liebevolle von 1. Mose 2 scheinen nicht zusammenzupassen. In der Tat widersprechen sich die Kapitel so sehr, dass eine an theologischer Einheitlichkeit interessierte rationalistische Exegese beide Texte auseinandergerissen und sie als zwei Schöpfungsberichte unterschiedlichen Jahrhunderten zugeordnet hat. Das Problem beschränkt sich jedoch nicht nur auf die Exegese. Auch unser Gottesbild neigt eher dem einen oder dem anderen Kapitel der Genesis zu, betrachtet also das erste als das eigentliche und das zweite als weniger wichtig bzw. umgekehrt.

In einer konsumorientierten Welt bietet sich sicher das zweite Kapitel, das von dem nahen, den Menschen zugewandten Gott spricht, als Referenztext an – der im ersten Kapitel geschilderte, jegliche Vorstellungskraft übersteigende Schöpfer lässt sich schlichtweg nicht konsumieren. Um diesem Trend entgegenzuwirken sollte heute vielleicht der Schwerpunkt der Verkündigung von 1. Mose 2 hin zu 1. Mose 1 verschoben werden, ohne dass dabei der Garten aus dem Blick gerät, denn damit würden wir der gleichen Verkürzung unterliegen wie das konsumorientierte Christentum.

Der Garten ist auch insofern unverzichtbar, weil er die Grundlage für die weitere Entwicklung darstellt. 1. Mose 1 setzt nur den Rahmen, 1. Mose 2 bildet dagegen die Vorgeschichte zur eigentlichen Geschichte. Die darin beschriebenen Beziehungen werden nämlich gleich zu Anfang durch eine kosmische Katastrophe zerstört: Die Welt verwirft ihren Schöpfer und verlässt sich nur noch auf sich selbst (vgl. 1. Mose 3). Angesichts der Größenverhältnisse, von denen eben noch die Rede war, ist das zweifellos ein absurdes Unterfangen. Unverständlicher erscheint nur noch die Reaktion Gottes, der diesen verhängnisvollen Planeten nicht einfach aus dem Firmament tilgt, sondern die vom Menschen gesetzte Grenze scheinbar akzeptiert.

* * *

Damit beginnt die eigentliche biblische Geschichte, das große Drama vom Chaos der Welt und dem liebevollen Ringen Gottes, sie wieder in ihre ursprüngliche Ordnung zurückzuführen. Dabei lässt sich ein bestimmtes Muster erkennen, das in verschiedenen Variationen wiederholt wird und für unseren Zusammenhang interessant ist, weil es den Grundlagen der Konsumgesellschaft zutiefst widerspricht:

Gott schafft in der von ihm getrennten Welt bestimmte Punkte, an denen sich Himmel und Erde begegnen, an denen seine Wirklichkeit die der Menschen berührt. Das biblische Wort dafür ist „Heiligkeit", es geht um Orte, Personen, Gegenstände und Zeiten, die innerhalb dieser Welt die Funktion einer Verbindung zu Gott einnehmen.

Den Anfang macht Abraham, ein Mann, der „anderen Göttern diente" (Josua 24,2), aber von Gott erwählt und gesegnet wurde (1. Mose 12,1-3). Aus ihm wurde schließlich ein Volk, das vom Alten Testament in jeder Hinsicht als heiliger Bereich betrachtet wird. Auf den ersten Blick ist Israel zwar ein Volk wie andere auch, es verfügt über ein Staatsgebiet, eine innere Ordnung und eine Regierung. Bei genauerem Hinschauen zeigt sich freilich, dass das alttestamentliche Gottesvolk jeden dieser Bereiche ausschließlich von Gott her definierte: Das Land war das „gelobte Land", es gehörte allein Gott und war Israel zur Nutzung übergeben, wurde aber niemals sein Eigentum (vgl. etwa 3. Mose 25,23). Die Ordnung war das Gesetz des Mose, das auf die Gottesoffenbarung am Sinai zurückgeführt wurde und damit als göttliche Gesetzgebung galt. Gott schließlich war es auch, der in der Frühzeit Israels als König des Gottesvolkes galt (vgl. 1. Samuel 8,7) und der seine Wohnung in der „Stiftshütte" und später dem Tempel hatte.

So betrachtet ist Israel nach der biblischen Offenbarung kein Volk wie jedes andere, sondern eine exterritoriale Zone, ein Brückenkopf Gottes in der von ihm getrennten Welt. Es gehört ihm und soll allein von ihm bestimmt sein. Der biblische Begriff dafür ist wie bereits erwähnt „Heiligkeit". Wie die Geräte des Tempels soll auch Israel dem weltlichen Getriebe entzogen und „ein Königreich von Priestern und ein heiliges Volk" sein (2. Mose 19,6; vgl. 3. Mose 20,7), das ganz im Dienst Gottes und seines großen Plans steht, ein Werkzeug zur Versöhnung der Welt mit ihrem Schöpfer.

Um diesen Zusammenhang zu verstehen ist es wichtig, dass wir „Heiligkeit" nicht mit „Reinheit" verwechseln, einem anderen grundlegenden Prinzip des Alten Testaments. Weil Israel heilig, im Sinne von gottgeweiht, sein sollte, musste es im kultischen Sinne rein sein. Wer das Heilige als solches erhalten will, darf es nicht vermischen mit dem, was mit ihm nichts zu tun hat. Israel soll folglich rein und unrein unterscheiden (vgl. 3. Mose 10,10), womit jede Form der Vermischung mit anderen Völkern unmöglich gemacht und praktisch jegliche Gemeinschaft mit Nichtisraeliten ausgeschlossen wird. Die Reinheitsvorschriften haben also einen absondernden Charakter, sie zeigen Grenzen auf, die nicht überschritten werden dürfen. Aus diesem Grund ist Reinheit auch defensiv, während die Unreinheit aggressiv geschildert wird: Kommt etwas Reines mit etwas Unreinem zusammen, wird das Reine unrein, nicht umgekehrt (vgl. etwa 3. Mose 11,31ff.).

Anders verhält es sich mit der Heiligkeit, die von der Stiftshütte bzw. dem Tempel ausgeht. Sie wird offensiv verstanden, denn sie verwandelt die Welt und nimmt sie für Gott in Beschlag (vgl. etwa 2. Mose 27,29). Das Heilige braucht deshalb das Unheilige nicht zu fürchten, im Gegenteil. Durch den Kontakt mit dem Heiligen wird das Unreine rein und das Reine heilig. Reinheit und Heiligkeit hängen damit zwar zusammen, sind aber nicht dasselbe. Das Heilige ist auch rein und soll es bleiben, das Reine dagegen ist nicht automatisch heilig. Umgekehrt überwindet die Heiligkeit jede Unheiligkeit, während die Reinheit vor der Unreinheit bewahrt werden muss. Oder um es mit der Sprache der Konsumgesellschaft zu sagen: Das Heilige konsumiert, lässt sich selbst jedoch nicht konsumieren. Als Heiliges ist es jedem Konsumdenken entzogen.

In dem Konzept von Heiligkeit haben wir es also mit dem Grundansatz Gottes zur Veränderung der Welt zu tun: Er schafft einen Ausgangspunkt, der heilig ist, also nur von ihm her bestimmt wird. Weil das Heilige das Unheilige überwindet, breitet sich das Heilige immer weiter aus, bis schließlich die ganze Welt heilig geworden ist. Die Frage nach Reinheit und Unreinheit hat in diesem Plan nur eine dienende Funktion. Mit Hilfe der Reinheitsvorschriften soll das Heilige als solches erhalten bleiben. Um die Welt zu überwinden, darf es nicht so mit ihr vermischt werden, dass es austauschbar wird und damit seinen Charakter als das prinzipiell Andere verliert.

* * *

Aus Gründen, auf die hier nicht näher eingegangen werden soll, hat Israel freilich die Reinheit der Heiligkeit vorgeordnet, also die Heiligkeit von der Reinheit her verstanden, nicht umgekehrt. Die Folge davon war, dass wir es zur Zeit Jesu mit einem Volk zu tun haben, dem es trotz widrigster Bedingungen (wie der seit Jahrhunderten anhaltenden Besatzung durch heidnische Mächte und der damit verbundenen Durchdringung des Alltags mit kultisch unreinen Menschen, Gegenständen, Gebräuchen und Vorstellungen) gelungen ist, seine Reinheit als Gottesvolk einigermaßen zu bewahren. Darüber ging allerdings zwar nicht die Heiligkeit an sich, aber das biblische Verständnis von Heiligkeit als einer die Welt überwindenden Kraft Gottes verloren. Durch die Konzentration auf die Reinheitsvorschriften wurde die Heiligkeit vielmehr eingegrenzt und auf heilige Orte wie den Tempel oder heilige Zeiten wie den Sabbat beschränkt.

Heiligkeit verliert auf diese Weise freilich ihre eigentliche Bestimmung, denn sie wird zu einem bloßen Heilmittel gegen die sich ausbreitende Unreinheit herabgewürdigt. Angesichts einer defensiven Reinheit, die ständig von der Unreinheit bedroht ist, braucht man ja etwas Heiliges, mit dem das Verunreinigte wieder rein wird. Deshalb ist der Tempel notwendig als ein Zentrum, in dem das Unreine wieder rein werden kann. Die große Vision Hesekiels, nach der sich die Heiligkeit vom Tempel her über das ganze Land ausbreitet (Hesekiel 47,1-12), gerät dabei jedoch aus dem Blickfeld. In einer von Reinheitsvorstellungen bestimmten Theologie wird der heilige Raum vielmehr zu einem letzten Rückzugsort, einer uneinnehmbaren Festung, deren einzige Aufgabe darin besteht, die noch verbliebenen Reste der Reinheit zu sichern.

Betrachtet man die Situation in Palästina im ersten nachchristlichen Jahrhundert, dann ist die Fixierung auf die Reinheit trotzdem verständlich. Schließlich haben wir es mit einem Volk zu tun, das sich in einem Überlebenskampf befand. Das Israel der Zeitenwende war im wahrsten Sinne des Wortes konservativ, denn es wollte die Inseln der Reinheit und Heiligkeit, die ihm geblieben waren, erhalten. An den großen Plan Gottes, an die Ausbreitung seines Reiches im Sinne einer offensiven Heiligkeit, war dagegen in den Augen der meisten Zeitgenossen Jesu nicht zu denken, sie waren viel zu sehr damit beschäftigt, ihre Identität als Gottesvolk zu bewahren.

Umso erstaunlicher ist es, dass Jesus in derselben Situation einen ganz anderen Weg gegangen ist. Er hat die Reinheit von der Heiligkeit her verstanden und damit dem großen Ziel der Rettung der Welt durch eine sich ausbreitende Heiligkeit untergeordnet. Wir werden die Tiefe des Konfliktes zwischen Jesus und seinen Gegnern daher nicht ergründen, wenn wir nicht verstehen, dass es sich dabei um einen Konflikt über Fragen von Heiligkeit und Reinheit handelte. Jesu Gegner, die Pharisäer, waren ja gottesfürchtige Menschen, die nichts anderes wollten, als den im Alten Testament offenbarten Willen Gottes im Alltag zu leben. Die berechtigte Angst, dass Israel seine Identität als aus den Völkern herausgehobenes Gottesvolk angesichts der erdrückenden Dominanz des Heidentums verlieren könnte, brachte sie dazu, das Konzept der Reinheit zum Mittelpunkt ihrer Theologie zu machen.

Genau das Gegenteil tat Jesus. Sein Ausgangspunkt war die Heiligkeit. In sich selbst sah er das Reich Gottes gekommen, wo er hinkam, berührte damit der Himmel die Erde. Als „Heiliger Gottes" (Markus 1,24) war er „Größeres als der Tempel" (Matthäus 12,6) und brauchte die Unreinheit daher nicht zu fürchten, im Gegenteil, durch seine Berührung wurde das Unreine rein und das Reine heilig. Entsprechend offensiv trat Jesus auf und rief gerade die zurück in den Gottesbund Israels, deren Reinheit fraglich war: Aussätzige, Kollaborateure mit den heidnischen Besatzern, Menschen mit einem unmoralischen Lebenswandel.

An Jesus sehen wir zugleich, wie das Konzept der Heiligkeit wirkt: Während sich der Unreine um Reinheit bemühen muss, etwa indem er ein Reinigungsritual vollzieht, geschieht die Heiligung durch den bloßen Kontakt mit dem Heiligen. Wir sehen daher im Dienst Jesu eine geradezu explosionsartige Ausbreitung der Heiligkeit. Deutlich wird das an der symbolischen Rede vom Tempel, dem heiligen Zentrum Israels. Im Zusammenhang mit der Tempelreinigung spricht Jesus vom „Tempel seines Leibes" (Johannes 2,21), im Abendmahl gibt er diesen heiligen Leib seinen Jüngern zu essen (vgl. Matthäus

26,26), sodass Paulus später von dem einzelnen Christen und der Gemeinde als einem „Tempel des heiligen Geistes“ reden kann (1. Korinther 6,19). Die Christen haben daher keinen heiligen Ort mehr nötig, weil sie selbst dieser Ort geworden sind (und deshalb von Paulus als „Heilige“ angesprochen werden; vgl. Römer 1,7; 1. Korinther 1,2; 2. Korinther 1,1; Epheser 1,1; Philipper 1,1 u. ö.). Wie zuvor im Tempel und dann in Jesus begegnen sich also auch in der neutestamentlichen Gemeinde Himmel und Erde. Sie ist der Brückenkopf Gottes in der Welt, von dem aus er seine Heiligkeit bis an die Grenzen ausbreitet.

Interessant ist in diesem Zusammenhang, dass auch der Apostel Paulus seine Mission unter den Heiden nicht im heutigen Sinne als bloße Überzeugungsarbeit, sondern als Tempeldienst verstanden hat. Im Mittelpunkt steht daher nicht das intellektuelle Geschehen eines Wechsels in der Weltanschauung, sondern der aus dem Gottesdienst Israels übernommene Opfergedanke: Die Heiden sollen Gott als „Ganzopfer“ dargebracht werden (Römer 15,16), was wiederum im Leben der Christen als einem Gott wohlgefälligen Opfer fortgeführt wird (Römer 12,1). Mission ist damit die Ausbreitung der Heiligkeit in einer unheiligen Welt und ihre Veränderung in einen Gottesdienst.

Für unser Verständnis grundlegend ist es deshalb, dass wir die urchristliche Mission nicht im Sinne eines Werbefeldzugs für den Glauben verstehen. Den Aposteln ging es nicht um die Vergrößerung des Marktanteils der Kirche in einer vielfältig religiösen Welt. Gerade die paulinischen Missionspredigten gehen vielmehr davon aus, dass die Erde als Ganzes bereits unter der Herrschaft Gottes steht (vgl. etwa Apostelgeschichte 17,24-31), die Götter der Völker daher „falsche Götter“ sind (Apostelgeschichte 14,15). Konsequenterweise sieht Paulus das Ziel seiner Tätigkeit also nicht darin, die Heiden von einem besseren Lebenskonzept zu überzeugen, vielmehr will er sie „zum Gehorsam führen“ (Römer 15,18), also zu einer Anerkenntnis der bereits bestehenden Herrschaft Gottes.

Das hat gravierende Auswirkungen auf die Missionstätigkeit selbst. Die Apostel verstehen sich vor diesem Hintergrund nämlich nicht als „Händler des Evangeliums“, die auf dem religiösen Markt eine bestimmte Botschaft unter die Leute bringen sollen, sondern als Herolde, die von Regierungsseite mit einer offiziellen Verlautbarung betraut wurden. Es ist kein Zufall, dass Paulus in Lystra mit dem Götterboten Hermes verwechselt wurde, „weil er das Wort führte" (Apostelgeschichte 14,12). Paulus machte seinen Zuhörern schließlich kein Angebot, das sie annehmen oder ablehnen könnten, sondern verkündete ein *euangelion*, eine „Freudenbotschaft", womit er den Fachausdruck für öffentliche Bekanntmachungen des römischen Kaisers gebrauchte. Inhaltlich war seine Botschaft die von einem Herrschaftswechsel:

> *„Zwar hat Gott über die Zeit der Unwissenheit hinweggesehen; nun aber gebietet er den Menschen, dass alle an allen Enden Buße tun. Denn er hat einen Tag festgesetzt, an dem er den Erdkreis richten will mit Gerechtigkeit" (Apostelgeschichte 17,30f.).*

Damit aber lässt sich eine Linie ziehen vom Auftreten der alttestamentlichen Propheten über Johannes den Täufer, Jesus und Paulus. Sie alle sprechen von der Herrschaft Gottes über sein Volk und die Erde. Sie tun dies in unterschiedlicher Weise, aber dahinter steht die Vorstellung, die Jesus mit seiner Rede vom Reich Gottes auf den Punkt gebracht hat. Gott ist der Herr des Universums, und er ist nun unterwegs um auch in der von ihm abgefallenen Welt seine Herrschaft wieder aufzurichten.

Die Verkündigung des Herrschaftswechsels auf der Erde ist inhaltlich eine Aufforderung zur bedingungslosen Kapitulation. Weil Gott nun unumschränkt Herrscher geworden ist, ist die Zeit der bisherigen Machthaber vorbei. Wer dem Evangelium glaubt, also der Botschaft von der Herrschaft Gottes vertraut, wechselt deshalb rechtzeitig die Fronten und damit seine Loyalität. Weil der Tag kommen wird, an dem sich „jedes Knie" beugen wird (Philipper 2,10; vgl. Jesaja 45,23), tun wir gut daran, unsere Unterwerfung unter Gott jetzt schon zu vollziehen. Jeglichem Verhandeln, jedem Abwägen der Bedürfnisse und Interessen ist damit in der urchristlichen Verkündigung ein Riegel vorgeschoben. Weil Gott unterwegs ist wie die Armeen eines schier unbesiegbaren Feldherrn, geht es schlichtweg ums Überleben. Wer sich ihm entgegenstellt, wird vernichtet werden. Die Rede von der Aufrichtung von Gottes Herrschaft ist daher in der neutestamentlichen Verkündigung eng mit der vom Gericht über die bisherigen Machthaber verbunden, die damit ihre Legitimation verlieren.

Solche Herrschaftswechsel gingen freilich nicht nur in der Antike selten kampflos vonstatten. Die alten Autoritäten hängen an ihrer Macht und versuchen sie mit Zähnen und Klauen zu verteidigen. Deshalb ist auch die Aufgabe eines Heroldes im Feindesland nicht gefahrlos. Im Gegensatz zu einem Händler, der mit seinen Produkten schlimmstenfalls auf Desinteresse stößt, kann sich an einem Herold der ganze Hass auf dessen Auftraggeber entladen. In seinem Gleichnis von den bösen Weingärtnern hat Jesus diesen Zusammenhang unmissverständlich herausgestellt (vgl. Matthäus 21,33-39).

Mit der biblischen Vorstellung von der Heiligung der Welt ist deshalb untrennbar das Leiden der Gläubigen verbunden, durch das Kreuz Jesu wird das Leiden sogar zum zentralen Weg, durch den die Welt gerettet wird und der durch die Auferstehung zum Leben führt. Nicht nur das Alte Testament und das frühe Judentum gehen deshalb selbstredend davon aus, dass ein „Gerechter", also ein gottgefälliger Mensch, leiden muss, auch für die ersten Christen war das eine Selbstverständlichkeit (vgl. etwa Psalm 34,20; 2. Korinther 1,5). Nicht von ungefähr hat die Kirche der ersten Jahrhunderte den Begriff des „Zeugen", *martyrios*, sehr schnell als „Blutzeuge" verstanden. Ein Märtyrer ist einer, der durch sein Leiden Zeugnis von der Echtheit seines Glaubens ablegt.

Hingabe und Liebe

Belassen wir es bei diesem kurzen Überblick, denn für ein Nachdenken über unsere Aufgaben in dem Konfliktfeld, in dem wir stehen, reicht er erst einmal aus. Schon vor dem Hintergrund dieser wenigen Ausführungen lassen sich nämlich verschiedene Stichworte ausmachen, die uns helfen können das spirituelle System der Konsumgesellschaft zu überwinden, so wie die frühe Kirche das Heidentum des römischen Reiches überwand.

Den Anfang macht dabei der Gedanke der Größe Gottes. Schon das von ihm geschaffene Universum ist prinzipiell nicht von uns konsumierbar. Damit entzieht sich erst recht sein Schöpfer jedem Konsumdenken. Im Gegenteil, von den Größenverhältnissen her sind es wir, die aufgebraucht werden. Wir sind nur ein verschwindend kleiner Teil eines nahezu unendlichen Universums. Wir sind nur eine kurze Durchgangsstation im langen Dasein seiner Atome. Dem Schöpfer gegenüber sind wir nur Geschöpf. Wir können daher nicht der Mittelpunkt sein, sondern müssen uns an dem Mittelpunkt ausrichten, wenn unser eigenes Sein über das kurze Aufblitzen des Augenblicks hinaus Bestand haben soll. Bei aller notwendigen Betonung der Nähe Gottes muss sich unsere Verkündigung daher davor hüten, ihn allzu greifbar und damit konsumierbar darzustellen. Gott ist in seiner Größe jeglichem Marktgeschehen entzogen.

Wenn der Schöpfer jedoch kein Marktteilnehmer, kein Anbieter ist, dann verstehen wir auch seine Schöpfung falsch, wenn wir sie als Markt betrachten. Damit kann freilich auch das Leben kein endloser Zug durch die materiellen und spirituellen Angebote sein, immer auf der Suche nach dem nächsten Erlebnis. Wenn die Welt jedoch kein Supermarkt ist, dann ist es auch nicht egal, welches Angebot wir wahrnehmen, vielmehr gibt es gute und schlechte, also sinnvolle und weniger sinnvolle, vielleicht sogar solche, die böse im Sinne von zerstörerisch sind. Wir können die Sinnfrage deshalb nicht ausblenden, weil die konsumistische Idee vom Leben als einem ziellosen Weg vorbei an gefüllten Regalen nicht der Realität entspricht.

Nicht der Realität entspricht auch die Vorstellung eines schier unbegrenzten Angebots, das den Massenmarkt der Konsumgesellschaft charakterisiert. Vielmehr ist alles in der Schöpfung endlich. Das gilt zu allererst für unser Leben. Gerade durch seine Endlichkeit gewinnt es freilich einen großen Wert, schließlich ist jeder Augenblick allein schon dadurch kostbar, dass er nicht wiederholt werden kann. In jedem Moment verwandeln wir vielmehr bis eben noch ungewisse Zukunft in einer kurzen Gegenwart in nicht mehr veränderbare Vergangenheit. Wir hinterlassen damit eine Spur, formen eine Geschichte, schaffen etwas Bleibendes. Und eines Tages werden wir tot sein. Unser Weg hat damit zwangsläufig ein Ende, unser Leben ist dann nur noch Vergangenheit, die immer mehr zur Momentaufnahme zusammenschrumpft.

Weil unser Weg begrenzt ist, hat er also automatisch ein Ziel. Wir sind in einer Richtung unterwegs, die sich aus unserer Vergangenheit beschreiben lässt und die wir mit jeder unserer Entscheidungen bestätigen oder verändern. Mit dem Ende unseres Lebens ist deshalb ein Ziel erreicht oder zumindest eine Etappe, aus der sich ableiten lässt, wohin der weitere Weg geführt hätte. Und damit stellt sich die Sinnfrage: Wohin wollen wir unterwegs gewesen sein? Welches Ziel hatten wir auf unserem Weg vor Augen – selbst dann, wenn es uns nicht bewusst gewesen sein mag?

Die Endlichkeit aller Schöpfung wirft also die Frage nach der sinnvollen Verwendung ihrer gerade durch ihre Endlichkeit wertvollen Ressourcen auf. Das zeigt, dass der Individualismus, der der Konsumgesellschaft zugrunde liegt, zu beschränkt denkt, denn diese Frage können wir nicht allein klären. Unser Leben ist vielmehr Teil einer umfassenden Beziehungsstruktur, gehört zu einer langen Kette des Seins, deren Anfang und Ende wir nicht überblicken können. Die biblische Offenbarung konzentriert deshalb ihren Blick auf die Beziehungen, die die Schöpfung prägen. Hierbei nur die Beziehung von Gott und einzelnen Menschen in Blick zu nehmen, wie das in manchen Kreisen geschieht, greift viel zu kurz. In dem in 1. Mose 2 beschriebenen Garten steht vielmehr alles mit allem in Beziehung: Gott mit den Menschen, die Menschen untereinander, die Tiere mit den Menschen, die Tiere mit Gott usw. In einem Beziehungsgefüge lässt sich die Sinnfrage freilich nicht individuell klären, weil meine Antwort zwangsläufig etwas mit den anderen zu tun hat und damit deren Antwort auf die Sinnfrage etwas mit mir.

Zugleich wird deutlich, dass die Sinnfrage nicht in einer konsumistischen Weise gelöst werden kann, denn die Konsumgesellschaft baut auf einem Individualismus auf, der die Beziehungsstruktur der Welt leugnet bzw. als zweitrangig betrachtet. Wenn wir Menschen jedoch nach dem Ebenbild des dreieinigen Gottes als Mann und Frau geschaffen sind, wie 1. Mose 1,27 sagt, dann ist Gemeinschaft ein grundlegender Teil unserer Persönlichkeit. Beziehungen sind also nicht die zur Bedürfnisbefriedigung notwendigen Erweiterungen des Individuums, sondern gehören so untrennbar zum Menschsein dazu, dass die individualistische Sicht eine ungeheure Verkürzung darstellt. Auch ein System, das den Menschen in erster Linie als freies Individuum mit unstillbaren Bedürfnissen betrachtet, entspricht damit nicht der Wirklichkeit.

Biblisch gesprochen leugnet unser individualistisches Konsumsystem also die Realität des Menschen als Geschöpf Gottes und als Sünder, indem es beides in einer Art falschem Kompromiss zu einem verkürzt. Von Gott her sind wir seine Geschöpfe, geschaffen in sein Ebenbild als Beziehungswesen. Durch das Verlassen der ursprünglichen Beziehungsstruktur des Gartens haben wir jedoch alle eine tiefgreifende Beziehungsunfähigkeit geerbt, die die Bibel Sünde nennt. Deshalb erleben wir Beziehungen nicht nur als die Erfüllung unseres menschlichen Grundanliegens, sondern auch als den Ort unseres größten Schmerzes. So sehr wir auf Beziehung hin angelegt sind, so wenig können wir vertrauensvoll durch das Leben gehen, weil die Beziehungsstruktur unserer Welt grundlegend gestört ist.

In der Marktwirtschaft wird aus diesem komplexen Sachverhalt das Individuum mit seinen Bedürfnissen. Beziehung ist damit eine Option, die man so lange wie möglich ausschließt, weil man sie scheinbar nicht nötig hat. Möglich und nötig werden Beziehungen deshalb erst da, wo das Individuum an seine Grenzen kommt. Die eigenen Bedürfnisse und die des Anderen sind also die Verhandlungsmasse, auf deren Grundlage die Individuen Beziehung eingehen. Im Zentrum steht dabei der Gedanke des Vertrages, in dem sich beide Seiten zur gegenseitigen Bedürfnisbefriedigung verpflichten; zur Liebe im biblischen Sinne dringt man damit freilich nicht vor. Es dominiert die Sicherheit, das Vermeiden von Schmerz, ohne den man die Liebe jedoch nie erreichen kann, denn lieben hat etwas mit Selbstaufgabe zu tun. Wer konsumiert, wird deshalb immer einsam sein, egal auf wie vielen Hochzeiten er buchstäblich tanzen mag. Nur wer sich konsumieren lässt, ist fähig zur Liebe.

Liebe ist damit das genaue Gegenteil von Konsum. Denn Liebe

schöpft ihre Kraft nicht aus dem Nehmen, sondern aus dem Geben, aus der Hingabe bis zur Selbstaufgabe. Wir sehen diese Liebe an Jesus Christus, dessen Leben eine immerwährende Hingabe war: Er war „in göttlicher Gestalt", aber „entäußerte sich selbst und nahm Knechtsgestalt an, ... er erniedrigte sich selbst" (Philipper 2,6-8); er kam nicht, „dass er sich dienen lasse, sondern dass er diene und sein Leben gebe" (Markus 10,45). Seine Liebe führte daher in der letzten Konsequenz zur Selbsthingabe am Kreuz, zum Tod für die „Gottlosen", die „Sünder", die „Feinde", also die Menschen, die dieses Opfers nicht würdig waren (Römer 5,6-10).

Gerade deshalb ist die Liebe die Kraft, die die Welt überwindet. Wenn jeder nur nimmt, bleibt nichts als Leere zurück, erst recht, wenn das Genommene konsumiert und damit vernichtet wird. Geben bringt dagegen die Erfüllung, sowohl materiell, wie auch geistlich-seelisch. Nehmen macht daher nicht selig, sondern geben (vgl. Apostelgeschichte 20,35). Allein auf Geben kann man zudem eine echte Gemeinschaft aufbauen, also eine Gemeinschaft, die etwas Gemeinsames schafft und nicht nur die eigenen Bedürfnisse befriedigt. Nur so eine Gemeinschaft hat damit das Potential über sich selbst hinauszuwachsen.

Der Gedanke der Beziehung und der Gemeinschaft liefert gleichzeitig eine Antwort auf die durch den Individualismus der Konsumgesellschaft aufgeworfene Identitätsproblematik. Wenn wir nämlich Teil eines die Menschheit und die Generationen übergreifenden Beziehungsgefüges sind, haben wir damit eine Identität, die wir nur noch entfalten müssen. Diese Identität ist uns in gewisser Weise „sicher", weil sie uns zugesprochen wird und damit niemals von uns abhängig ist. Wir gehören zu etwas dazu, aber nicht aus eigener ständig neu zu treffender Wahl wie in der Konsumgesellschaft, sondern von unserer Herkunft her. Heimat im echten Sinn kann man zwar verleugnen, aber nie wirklich verlieren. Gleichzeitig bedeutet das, dass wir weder Sinn noch Zufriedenheit finden werden, wenn wir diesen Aspekt unseres Seins ausblenden.

Mit einer Erneuerung der Theologie ist deshalb notwendig ein neues Verständnis von Gemeinschaft verbunden. Es geht um nichts weniger als eine Wiederentdeckung der Kirche als geistliche Größe, als von Gott geschaffene heilige Gemeinschaft, ohne Vorsilbe oder eingrenzende Beschreibung. Mit dem Segen des persönlichen Glaubens ist vor allem im Protestantismus ja auch der Fluch des Separatismus verbunden, durch den unsere Gemeinschaften den Individualismus nicht wirklich überwinden. Bei der Kirche geht es freilich um weit mehr als um die individuelle Gemeinde vor Ort, erst recht um mehr als den Kreis von Engagierten. Die Kirche ist eine die Jahrhunderte, Kontinente und Theologien umfassende Größe, von Gott ins Leben gerufen und von ihm erhalten bis zum Ende der Zeiten.

In dieser Kirche wird es deshalb bis zum Ende der Zeiten auch eine bereichernde und zugleich schmerzliche Vielfalt geben. Bereichernd ist sie, weil sie so unterschiedlich ist wie die Menschen, die zu Jesus gehören; schmerzlich ist sie zugleich, weil in jeder Vielfalt die Erkenntnis steckt, dass seine Nachfolger noch nicht so eins geworden sind, wie ihr Herr es erbeten hat. Vom Patchwork unterscheidet sich diese Vielfalt grundsätzlich darin, dass es um die Pluralität der Gemeinde aus allen Völkern und Hintergründen geht, nicht um die pluralistische Mentalität des einzelnen Individuums. Jeder kann sich schließlich mit seiner ganzen Existenz nur einer Theologie verschreiben, die er nur unter großen Schmerzen wieder verändern kann, und nicht verschiedene einander widersprechende Auffassungen nebeneinander leben.

Wie das auf Jesus zurückgehende Bild von der Familie deutlich macht, muss man sich auch in der Kirche nicht in allen Punkten einig sein um zu erkennen, dass man zueinander gehört. Es mag Diskussionen geben und manchmal vielleicht sogar Streit, die durch Christus geschaffene Blutsverwandtschaft stellt das jedoch nicht in Frage. Die von Jesus im Hohenpriesterlichen Gebet (Johannes 17) erbetene Einheit der Kirche ist daher kein frommer Wunsch, sondern eine Voraussetzung für die Veränderung der Welt. Denn hier zeigt sich tatsächlich, inwieweit seine Nachfolger nur ihrem Herrn verantwortlich sind und sich selbst als neue Gemeinschaft verstehen. Gemeinschaft ist die Kirche daher auch durch das grundlegende Konzept der Teilhabe, nach dem es nicht einzelne Veranstalter und viele Konsumenten gibt, sondern Glieder an einem Leib (vgl. 1. Korinther 12).

Mit den Fragen nach Identität und Kirche hängt die Erwählung zusammen, jenes theologische Konzept, das die Konsumspiritualität scheut wie der Teufel das Weihwasser, weil es das Identitätsproblem lösen würde, aus dem sie ihre Kraft zieht. Erwählung darf es daher nur durch den Menschen selbst geben. Er erwählt sich aus dem vielfältigen religiösen Angebot einen Gott, den er nach seinem Bilde beliebig formen oder auch wieder verwerfen darf. Das begründet freilich nur den Götzendienst, nicht die Anbetung des wahren Gottes. Die biblische Offenbarung spricht deshalb ausschließlich von der Erwählung des Menschen durch Gott. Gott allein ruft die Welt ins Dasein, er beruft Menschen und Völker, er erwählt, die ihm dienen sollen, er rüstet sie mit Gaben aus.

Wie wir bereits am Konzept der Heiligkeit gesehen haben, kann es auch gar nicht anders sein. Das Unheilige kann sich nicht entscheiden, heilig zu sein, sondern muss vom Heiligen berührt werden. Das Neue Testament beschreibt daher das Eintreten in das Reich Gottes als ein immer von Gott ausgehendes Geschehen: Es ist eine „Berufung“ (Römer 1,6f.), eine „Heiligung“ (Epheser 5,26). Der Gläubige wird adoptiert (Römer 8,1-17), Teil einer neuen Familie (Matthäus 12,50), erhält ein neues Bürgerrecht (Philipper 3,20). Die Erwählung Gottes überschreibt damit die Herkunft. Wie im Tempel die Schöpfung nur für Gott in Gebrauch genommen wird, etwa indem aus Alltagsgegenständen heilige Geräte werden, so werden auch die Erwählten ausschließlich in den Dienst Gottes genommen. Das Heilige verwandelt damit das Unheilige und verändert dadurch die Welt.

Um das Konzept der Erwählung im biblischen Sinne zu verstehen, muss man es freilich von der Beziehung her betrachten. Nur für konsumorientierte Menschen stellen Beziehungen ein Marktgeschehen dar, in dem die Bedürfnisse der Individuen gehandelt werden. Von der Bibel her wird dagegen Liebe als selbstlose Hingabe an ein Gegenüber verstanden (vgl. etwa Johannes 15,13; Römer 5,6-8), dem gerade dadurch ein Wert zugesprochen wird, der nichts mit den eigenen Bedürfnissen zu tun hat. Liebe kann man sich deshalb nicht erkaufen, man kann sie nur geschenkt bekommen. Damit jedoch handelt es sich nicht um ein Geschehen im Bereich von Angebot und Nachfrage, sondern um ein Erwählungshandeln. Auf die Frage, „Warum liebst du mich?", wird ein Liebender deshalb nicht antworten: „Weil du meine Bedürfnisse so wunderbar befriedigst", sondern „Weil du es wert bist."[40]

Durch die Erwählung Gottes wird daher dem Menschen ein Wert zugesprochen, der weit über das Geschöpfliche hinausgeht. Er wird Teil des heiligen Bereiches in der abgefallenen Welt, hat Anteil an der neuen Wirklichkeit, die mit dem Aufkommen des Reiches Gottes verbunden ist, wird Angehöriger der Gemeinschaft der Heiligen, die die Welt verändert. Damit sind wir jedoch bei einer Vision, die so groß ist, dass der Einzelne daraus seine Identität schöpfen und einen Sinn für sein Dasein finden kann.

Das zentrale christliche Symbol für diesen Erwählungszusammenhang ist die Taufe, die in der Konsumkultur durch die Betonung der eigenen Entscheidung umgewertet und verdrängt wird. Taufe im eigentlichen Sinn ist jedoch ein passives Geschehen: Wir taufen uns nicht, sondern werden getauft. Damit bekommen wir durch ein Ritual eine neue Identität zugesprochen, wir werden Teil der Gemeinschaft der Heiligen, bekommen Anteil an den Verheißungen einer langen Tradition. So verstanden kann die Erneuerung der Taufe ein wichtiger Schritt zur Überwindung der mit der Konsumgesellschaft

40 Vor dem spirituellen Hintergrund der Konsumgesellschaft ist Erwählung dagegen immer negativ besetzt: Sie steht für Unfreiheit und Ungerechtigkeit. Unfrei erscheint sie, weil sie dem Menschen offenbar keine Wahl lässt, ungerecht, weil es sich in den Augen ihrer Kritiker eigentlich um eine Verwerfungslehre handelt. Im Marktgeschehen sind auch tatsächlich Erwählung und Verwerfung untrennbar miteinander verbunden: Wer bei einem Händler seine Ware kauft, kommt automatisch mit den anderen nicht ins Geschäft. Da das hinter dem Kauf stehende Bedürfnis zunächst einmal befriedigt ist, gehen sie leer aus. Vor dem Hintergrund der Liebe sagt die Erwählung dagegen nichts über die Verwerfung aus. Aus der Tatsache, dass ich eines meiner Kinder liebe, kann man nichts über mein Verhältnis zu den anderen schließen, erst recht nicht, dass ich sie nicht liebe oder gar hasse. Im Gegensatz zu Bedürfnissen, die befriedigt werden können, ist Liebe nämlich prinzipiell unbegrenzt. Für einen liebenden Menschen gibt es daher kein Genug, keine Grenze, mit der die Vollzahl der Menschen, die man lieben kann, erreicht wäre. Das gilt natürlich in weitaus größerem Maße für Gott, der die Liebe selbst ist (vgl. 1. Johannes 4,8). Eine an der biblischen Offenbarung orientierte christliche Theologie sollte sich deshalb davor hüten, Erwählung und Verwerfung bei Gott vorschnell zu verbinden. Das gilt umso mehr, als auch Israel zum Beispiel durch den Propheten Amos korrigiert wurde, als es solche Schlussfolgerungen zog (vgl. Amos 9,7).

aufgeworfenen Identitätsproblematik sein, freilich nur, wenn sie auch mit einer entsprechenden Praxis verbunden ist. Schließlich hat die das persönliche Glaubensbekenntnis betonende Entscheidungstauftheologie ihren Ausgangspunkt in einer ebenfalls nur wenig an das neutestamentliche Verständnis von Heiligkeit erinnernden unterschiedslosen Taufpraxis. Eine Erwählung ohne Maßstäbe, die grundsätzlich jedem gilt, ist jedoch genauso sinnentleert wie eine Erwählung, die von der Entscheidung des Erwählten abhängig ist.

Wenn unsere Verkündigung nicht nur an ihre Wurzeln wieder anknüpfen, sondern auch die Spiritualität des Konsums überwinden soll, dann muss sie also das erwählende Handeln Gottes in den Vordergrund stellen und jeden Bezug zum konsumistischen Marktgeschehen („Gott macht dir ein Angebot“) vermeiden. Denn nur marktgerechte Individuen haben Bedürfnisse, nur sie müssen daher unter verschiedenen Möglichkeiten der Bedürfnisbefriedigung wählen. Liebende dagegen machen sich keine Angebote, sie erwählen einander. Ja, es gehört zur Grundlage der Liebe, dass man den anderen selbst dann erwählt, wenn er gerade kein „gutes Angebot“ darstellt. Von Gottes Liebe in Worten des Marktgeschehens zu sprechen, ist also nicht nur unangemessen, es entwertet seine Liebe zur bloßen Bedürfnisbefriedigung. Wir dürfen uns dann nicht wundern, wenn die Gläubigen ihre Gottesbeziehung folglich auch nur im Rahmen eines konsumistischen Vertrages interpretieren, der so lange Bestand hat, wie die eigenen Bedürfnisse abgedeckt werden.

* * *

Aus dem Gesagten dürfte deutlich geworden sein, dass es sich bei der Erwählung Gottes nicht um einen bloßen Zuspruch handelt, sondern um ein den erwählten Menschen grundlegend veränderndes Geschehen. Mit der Heiligkeit ist daher die Heiligung verbunden, die das Neue Testament an verschiedenen Stellen anspricht (z. B. in Römer 12,1ff.). Als Menschen, die ihre Identität ausschließlich von Gott her beziehen, sollen wir unser Dasein auch nur von ihm her verstehen. Als Teil des kommenden Reich Gottes sollen wir unser

Leben an dessen Maßstäben und Gesetzmäßigkeiten ausrichten. Als Heilige sollen wir die Heiligkeit in der Welt verbreiten.

Es verwundert daher nicht, dass die Bibel die Ethik von der Loyalitätsproblematik her betrachtet. Gerade in der Verkündigung Jesu steht nicht die Frage nach dem generell richtigen oder falschen Handeln im Mittelpunkt, sondern die nach der sich im jeweiligen Handeln zeigenden Loyalität. Neben der Steuerfrage (vgl. Matthäus 22,15-21) wird das im Gleichnis vom barmherzigen Samariter deutlich (Lukas 10,25-37): Priester wie Levit stehen angesichts des „halb tot" daliegenden Menschen vor der Frage nach dem „höchsten Gebot", die schon der Schriftgelehrte im Gespräch mit Jesus aufgeworfen hatte. Die Berührung eines Toten würde sie nämlich für den Rest des Tages kultisch verunreinigen, womit sie die ihnen von Gott verordnete Reinheit verlassen hätten. Das gilt natürlich auch für den Fall, dass der „halb Tote" stirbt, während sie ihm die Wunden verbinden.

Jesus dagegen lässt auf Priester und Levit einen Samaritaner folgen, also den Angehörigen eines Volkes, das den Juden als unrein galt. Wenn der Verletzte die Reinheitsvorschriften des Alten Testaments ernst genommen hätte, hätte er also die angebotene Hilfe verweigern müssen, um sich selbst nicht kultisch zu verunreinigen.

Für unseren Zusammenhang interessant ist nun, dass Jesus die Reinheitsvorschriften gar nicht als Maßstab zur Beurteilung des Handelns in Erwägung zieht. Seine einzige Frage lautet: „Wer ist der Nächste gewesen dem, der unter die Räuber gefallen war?" (Lukas 10,36). Damit aber sind wir in einem ganz anderen Feld als bei der klassischen Frage „Wer ist mein Nächster?". Letzteres definiert die Ethik nach der Herkunft, der Zugehörigkeit und damit zwangsläufig in Abgrenzung gegenüber einer anderen Herkunft und Zugehörigkeit. Jesus fragt dagegen nach der Loyalität, die mit dem Handeln zum Ausdruck gebracht wird: Wem dient mein Tun? Verhilft es in einer lieblosen Welt der Liebe zu einem weiteren Durchbruch? Dient es damit Gott und der Ausbreitung seines Reiches? Oder ist es Teil der die Schöpfung von ihrem Schöpfer entfernenden Kräfte?

Es ist diese Frage nach der Loyalität, die sich im eigenen Handeln ausdrückt, die die urchristliche Ethik bestimmt hat. Und von dieser

Frage her lässt sich auch der Wirklichkeit der Konsumgesellschaft auf einer anderen Ebene begegnen. Loyalität zeigt sich nämlich nicht nur in den kleinen alltäglichen Handlungen, sondern auch in großen Symbolen. Die Übernahme der römischen Herrscherbezeichnungen und ihre Übertragung auf Christus ist so ein Symbol. Die Verweigerung des Loyalitätsbeweises an für das Heidentum symbolisch wichtigen Punkten ist ein weiteres. Hinzu kommen verschiedene prophetische Zeichen, die die Herrschaft Gottes über die Welt ausdrücken. Wir werden hierauf zurückkommen.

In unserem Kampf gegen die Konsummentalität müssen wir deshalb die Kraft der Symbole wiederentdecken – bzw. die den Werbestrategen längst bewusste Kraft der Symbole für den Glauben nutzen. Ein großes Auto ist ja ein Symbol für Status, ebenso ein bestimmtes Urlaubsziel oder die Mitgliedschaft in einem besonderen Club bzw. das Ausüben einer Trendsportart. Symbole setzen Zeichen, indem sie den öffentlichen Raum für eine bestimmte Anschauung in Beschlag nehmen. Nichts anderes taten die ersten Christen, indem sie auf dem Forum einer antiken Stadt, also dem Ort, wo Politik gemacht wurde, den Herrschaftswechsel proklamierten. Nichts anderes taten sie, als sie öffentlichkeitswirksam das Opfer gegenüber den Stadt- und Reichsgöttern verweigerten. Sogar der Tod in der Arena wurde von ihnen als Symbol gefeiert: Hier zeigt es sich, dass das von Christus verheißene Leben stärker ist als der von den römischen Autoritäten verhängte Tod. Und das Blut der Märtyrer wurde tatsächlich zum Same der Kirche, wie der Kirchenvater Tertullian feststellte.

* * *

Damit sind wir bei einem letzten Anknüpfungspunkt, dem Leiden. In wohl kaum einem Bereich hat die Konsumgesellschaft so große Auswirkungen auf unser Verständnis vom Sinn des Lebens wie in diesem. Ihre große Verheißung ist die Bequemlichkeit, ihr Ziel ist die angenehme Welt, die auf den ersten Blick der in Offenbarung 21,4 beschriebenen ähnlich sieht: Auch hier sollen „alle Tränen" abgewischt werden und „der Tod nicht mehr sein, noch Leid noch Geschrei noch Schmerz". Es ist das Versprechen des Paradieses auf Erden, des Gartens ohne Gott.

Der Weg des Konsums steht dabei dem der Bibel diametral gegenüber. Denn die Werbung verspricht uns Erfolg ohne Mühsal, Frieden ohne Kampf, Ausruhen ohne Anstrengung, eine ewig währende Auferstehung ohne das Kreuz. Leid existiert in der Konsumgesellschaft daher nur als sinnloses Leiden, als unnötiger Schmerz, der überwunden werden kann, ersetzt durch Bequemlichkeit, Glücksgefühl und Sattheit. Mit dem Leiden kann die Konsumgesellschaft daher nicht umgehen, sie verdrängt es, blendet es aus, versucht es mit mehr Konsum zu übertünchen.

Die Welt ohne Leiden bleibt trotzdem ein unerfülltes Versprechen. Zu Anfang galt die Verheißung vereinzelten Privilegierten, die den Rest damit vertrösteten, dass sie durch entsprechende Arbeit ebenfalls die neue Welt erreichen könnten. Dann wurden die Privilegierten mehr, aber die Vertrösteten noch viel mehr und ihre Leiden größer. Mittlerweile gilt die Verheißung nur noch wenigen, die sich in einer leidenden Welt eine Insel der Glückseligkeit geschaffen haben, an deren Küsten Jahr für Jahr Tausende ertrinken. Unter der Verheißung der Bequemlichkeit hat die Konsumgesellschaft unendliches Leid über die Menschheit gebracht, von der geschundenen Schöpfung ganz zu schweigen. Wohl niemals zuvor ist eine Verheißung so sehr in ihr Gegenteil verkehrt worden.

Die Bibel zeigt uns deutlich, dass dieser Weg falsch ist. Leiden wird nicht durch Bequemlichkeit und Glück überwunden, sondern paradoxerweise durch Leiden. Der Schmerz verschwindet nicht, wenn man ihn bekämpft, dann breitet er sich vielmehr aus. Vernichtet wird er erst, wenn er durch einen größeren Schmerz aufgesogen wird. „Wenn das Weizenkorn nicht in die Erde fällt und erstirbt, bleibt es allein; wenn es aber erstirbt, bringt es viel Frucht. Wer sein Leben lieb hat, der wird's verlieren; und wer sein Leben auf dieser Welt hasst, der wird's erhalten zum ewigen Leben" (Johannes 12,24f.). Das ist eine Wahrheit, die die Konsumgesellschaft nie verstehen wird, weil sie ihr grundlegend widerspricht.

Nur Liebende können ermessen, worum es hier geht. Wer konsumiert, liebt nicht; lieben kann nur, wer sich konsumieren lässt, wer sich verzehrt für den Anderen, wer dessen Schmerz zu dem eigenen macht. Das Leid zu teilen heißt es zu halbieren, weiß der Volksmund. Der christliche Glaube ist deshalb von Anfang an von einer Leidenstheologie geprägt worden, die sich nicht allein auf Jesus beschränken lässt. Die Einheit mit Christus schloss für den Apostel Paulus die „Gemeinschaft mit seinen Leiden" und die „Gleichgestaltung mit seinem Tod" ein (Philipper 3,10), ja er versuchte sogar in seinen Leiden das zu „erstatten", „was an den Leiden Christi noch fehlt" (Kolosser 1,24). Diese Vorstellungen sind uns so fremd wie das altkirchliche Ideal des Märtyrers, der als die höchste Form christlicher Nachfolge betrachtet wurde.

Wir werden jedoch die Konsumorientierung unserer Gesellschaft nicht überwinden, wenn wir nicht eine neue Wertschätzung dem Leiden gegenüber entwickeln. Leiden ist in seinem Kern das Anerkennen der eigenen Endlichkeit und der daraus folgende Verzicht. Wer leidet, begrenzt sich, verzichtet auf Bequemlichkeit, auf Ansehen, auf Glück. Im Leiden treten wir der Sucht nach Entgrenzung, dem Immermehr und Niegenug mit einer grundlegenden Begrenzung entgegen: Wir begrenzen unseren Konsum, begrenzen unsere Freiheit, begrenzen unsere Möglichkeiten – und sind bereit, dafür auch unser Leben begrenzen zu lassen. Bei dem Martyrium geht es also tatsächlich im Kern um das Zeugnis, darum, zu zeigen, was wirklich wichtig ist. Und in einer Welt, die mit Leiden so wenig umgehen kann, dass sie es so weit es irgend geht aus dem öffentlichen Raum verbannt, gibt es kein größeres Zeugnis als freiwillig auf sich genommenes Leiden.

Leiden ist aber noch mehr, es ist die freiwillige Vorwegnahme des eigenen Todes. Von Jesus her ist deshalb Nachfolge als Kreuztragen beschrieben worden (Matthäus 16,24f. u. ö.). Wie Verurteilte auf dem Weg zur Hinrichtungsstätte haben also auch Christen mit ihrem Leben hier vollständig abgeschlossen. In einer Welt, die vom ständigen Kampf mit der eigenen Vergänglichkeit geprägt ist, liegt gerade darin eine anders nicht erreichbare Freiheit. Wer dem Tod entgegengeht, wer ihn nicht als ständig verdrängte letzte Grenze, sondern als Tor zu einem Leben in der Auferstehung versteht, dem stehen auch in dieser Welt alle Türen offen. Nachfolge heißt damit, sich mit dem Unabwendbaren nicht nur abzufinden, sondern ihm vorbereitet entgegenzugehen. Wer freiwillig gibt, dem kann auch der Tod nichts mehr nehmen.

Eine christliche Theologie des Leidens nimmt deshalb ihren Ausgang in dem freiwilligen Verzicht, in dem Leiden des Fastens und Gebens. Allerdings bleibt sie da nicht stehen, denn prinzipiell ist jedes Leiden ein Verzicht, auch dann, wenn er nicht freiwillig geschieht. Damit ist letztlich auch kein Leiden sinnlos, weil es uns auf die Begrenztheit der Welt und des Lebens hinweist und uns die große Vision von Offenbarung 21 vor Augen malen kann. Auch das scheinbar sinnlose Leiden kann damit zum Zeugnis werden, zum prophetischen Zeichen für die Kräfte der neuen Welt, in der gerade denen gegeben werden wird, die hier abgegeben haben, während die Reichen leer ausgehen (Lukas 6,20-26).

Eine Theologie des Leidens ist damit im Kern eine Würdigung der Leidenden. In einer Welt, die nicht nur mit dem Leiden nichts anfangen kann, sondern auch die Leidenden an den Rand drängt, ist Leidenstheologie Ausdruck der Liebe Gottes, die die Notleidenden nicht übersieht. Er kommt nicht zu den Gesunden, sondern zu den Kranken (Matthäus 9,12), erwählt nicht die Starken, sondern die Schwachen (1. Korinther 1,27), preist nicht die Satten selig, sondern die Hungernden (Lukas 6,21.25). Im Gegensatz zur herrschenden Meinung, die Wohlstand als Segen und damit als Ausdruck und Grundlage einer ungestörten Gottesbeziehung betrachtet, hebt die Bibel die Leidenden heraus. Gerade durch ihr Leiden sind sie dem wirklichen Leben näher als die Reichen, die in ihrer Sattheit den Tod verdrängen, der sie gerade deshalb als Gericht ereilen wird. Dort erfahren sie in einem Augenblick, worauf der Leidende sich lange vorbereiten konnte.

Wie eng das Neue Testament Glauben und Leiden in Beziehung setzt, macht wiederum die Taufe deutlich, die seit frühester Zeit den Anfang des Christseins beschreibt. Gerade sie wird vom Apostel Paulus jedoch als Gleichgestaltung mit dem Tod Jesu verstanden, als Begrabenwerden mit ihm (Römer 6,3f.). In der Taufe erfährt der Gläubige damit seinen eigenen Tod, alle irdischen Bezüge sind damit beendet, er lebt nur noch für Gott. Die Parallelen zum Opfergedanken sind unverkennbar (vgl. Römer 12,1ff.).

Betrachtet man die erste Christenheit, erscheint ihre Leidensbereitschaft also als ein Schlüssel zu ihrem Erfolg. Das Weizenkorn bringt tatsächlich keine Frucht, wenn es nicht stirbt, und die Kirche wächst nicht ohne das Blut der Märtyrer. In all unserer Sehnsucht nach Authentizität bleibt die Leidensbereitschaft damit der letzte Test. Wie ernst wir es meinen, entscheidet sich nicht nur in der Marktgesellschaft an der Frage, wie viel wir dafür zu zahlen bereit sind.

Ein prophetischer Lebensstil innerhalb der Konsumgesellschaft darf daher den mit Tod, Endlichkeit und Leiden verbundenen Fragen nicht nur nicht ausweichen, er muss vielmehr hier ansetzen. Von unserer Antwort auf diese Fragen wird abhängen, ob der christliche Glaube tatsächlich als alternatives System wahrgenommen werden wird oder ob er nur als Unterform der Konsumgesellschaft erscheint, als eine Subkultur, nichts weiter. Gerade weil der Konsum hier keine Antwort weiß, wird sich unsere Andersartigkeit – und damit Heiligkeit – in diesem Bereich am deutlichsten zeigt.

* * *

Im Glauben des neutestamentlichen Christentums haben wir es also geradezu mit einem Gegenentwurf zur Konsumgesellschaft zu tun. In seinem Zentrum steht Jesus, der Mensch gewordene Sohn Gottes. Sein Weg wird als Selbsterniedrigung beschrieben, als Selbstbegrenzung, als ein ständiges Kleinerwerden. Gott, der größer ist als das Universum, wird nicht nur sterblicher Mensch, er kommt in einem Stall zur Welt und stirbt als Obdachloser am Kreuz. Wir haben es also mit einem umfassenden Prozess der Selbsthingabe zu tun, der als solcher das Gegenteil unserer konsumistischen Maßlosigkeit ist, deren Bild für Erfolg der „amerikanische Traum“ des Aufstiegs vom Tellerwäscher zum Millionär ist.

Diese Bewegung von der Krippe zum Kreuz und die damit verbundene Selbsthingabe Gottes sind der Kern des anderen christlichen Sakramentes. Gerade das Kreuz als zentrales Symbol des Christentums ist ja in seiner Deutung als Opfer eng mit dem Abendmahl verbunden. Im Abendmahl jedoch lässt sich Jesus selbst konsumieren: „Das ist mein Leib, der für euch gegeben wird; das tut zu meinem Gedächtnis“ (Lukas 21,22).

Im Zentrum des Christentums steht damit der Gedanke, dass Gott sich hingibt und konsumieren lässt. Das sollte man freilich nicht im Sinne eines Konsumchristentums missverstehen. Denn hiermit ist die Nachfolge Jesu eng verbunden. Wir können Christi Leib nicht einfach konsumieren und dabei passiv bleiben, vielmehr nimmt uns das Abendmahl in die große Geschichte von der Menschwerdung Gottes hinein. Und in dieser Geschichte sind wir nicht nur Konsumenten, sondern lassen uns selbst konsumieren, geben uns auf, werden Teil der größeren Gemeinschaft des Reiches Gottes. Damit jedoch konsumieren wir das Opfer Christi nicht nur, sondern werden selbst ein Teil von ihm, existieren fortan „in Christus“ und als „Leib Christi“. Unser altes Ich wird damit konsumiert und aufgesogen im großen Ich Gottes und dem Wir seiner Gemeinde.

Das wird umso deutlicher, je mehr wir das Abendmahl im antiken Sinne als Opfer verstehen. Kerngedanke des Opfers ist nämlich nicht die Delegation, sondern die Identifikation. Im Opfer gibt die Gemeinde also nicht etwas ihr Fremdes, das an ihrer Stelle vor Gott treten soll (Delegation), sondern sich selbst, indem sie ihr Wertvollstes gibt (Identifikation). In diesem Sinne sind wir als Christen ebenfalls ein Opfer vor Gott, wie der Apostel Paulus deutlich macht (Römer 12,1; 15,16), weil wir „in Christus“ Anteil an seinem Opfer haben.

Die Gemeinde als „Leib Christi“ ist daher aufgefordert, nicht selbst zu konsumieren, sondern sich hinzugeben für andere. Ihren Ausdruck findet diese Hingabe in dem höchsten christlichen Ideal, der Liebe, die zugleich das „neue Gebot“ und das Erkennungszeichen der Christen ist (Johannes 13,14f.). Liebe jedoch konsumiert nicht, sondern lässt sich konsumieren. Sie fragt nicht, „wer ist mein Nächster?", sondern „wem kann ich der Nächste sein?" (vgl. Lukas 10,29.36). Sie gibt ohne zurückzufordern und schafft dadurch „Schätze im Himmel" (vgl. Matthäus 19,21). Grundlage der Liebe ist neben der Selbsthingabe die Identifikation mit denen, die diese Hingabe am nötigsten haben (vgl. Matthäus 25,31-46). Die Liebe ist damit das Gegenteil des Konsumprinzips:

> *„Daran haben wir die Liebe erkannt, dass er sein Leben für uns gelassen hat; und wir sollen auch das Leben für die Brüder lassen. Wenn aber jemand dieser Welt Güter hat und sieht seinen Bruder darben und schließt sein Herz vor ihm zu, wie bleibt dann die Liebe Gottes in ihm?" (1. Johannes 3,16f.).*

Damit wird deutlich, wie die Liebe im christlichen Sinne zu verstehen ist. Es geht zunächst um die „Schwestern" und „Brüder", die eine neue Gemeinschaft bilden, den Leib Christi. In ihm soll die Liebe vollkommen sein. Dort bleibt sie jedoch nicht stehen, vielmehr gibt sich der Leib Christi ebenso in die Welt hinein, wie es Christus selbst getan hat.

Mit der Liebe ist freilich notwendigerweise das Leiden verbunden, denn Hingabe, Konsumiertwerden, bedeutet, sich selbst zu begrenzen, abzugeben und schließlich zu sterben. Auch hier sehen wir wieder, dass Leiden als Gegenbewegung zur Konsumgesellschaft unaufgebbar mit dem neutestamentlichen Christentum verbunden ist. Auch hier ist uns Jesus vorausgegangen, dessen Leiden am Kreuz zur Auferstehung geführt hat. Damit jedoch hat er das Wirklichkeit werden lassen, was in der Konsumgesellschaft für unmöglich gehalten wird. Während wir mit unserem Versuch scheitern, durch Konsum das Leben dauerhaft zu erhalten, erlangt es Jesus in geradezu unvorstellbarer Weise, indem er sich am Kreuz konsumieren lässt.

Damit ist freilich ein Weg zum Leben aufgezeigt: Durch Konsum erlangen wir es nicht, wohl aber, indem wir uns konsumieren lassen. Der Tod wird besiegt, indem man ihn auf sich nimmt. Dadurch verliert er seinen Schrecken als letzte Grenze, er wird vielmehr zu einer

Durchgangsstation zu einem Leben, das alle irdischen Vorstellungen übersteigt. Das ist der Kern der neutestamentlichen Freiheitsvorstellung: Jesu Auferstehung befreit von der Menschheitsangst vor dem Tod und eröffnet uns damit ein Leben in der Hingabe und damit in Leiden und Verzicht. „Christus ist mein Leben, und Sterben mein Gewinn", kann deshalb der leidensgeprüfte Apostel schreiben (Philipper 1,21).

Ein prophetisches Leben

Die Propheten der Bibel hatten keine leichte Aufgabe. Im Zentrum ihrer Tätigkeit stand die Gerichtsankündigung, das heißt, sie haben dem Gottesvolk die negativen Konsequenzen seines Handelns vor Augen gemalt. Damit allein ist es freilich noch nicht getan, denn das würde die Realität der irdischen Probleme noch nicht ernst genug nehmen. Biblisch betrachtet geht es dabei ja nicht nur um böse Taten oder willentliche Verschuldungen, vielmehr sehen die Beteiligten oft keine andere Möglichkeit als so zu handeln, wie sie es tun.

Damit zeigt sich die ganze Problematik der Sünde, die im Grunde ein Verhängnis ist, weswegen die christliche Tradition sie auch nicht von der Tat her definiert, sondern als Trennung von Gott („Erbsünde"). Unser System mag schädlich und unter Umständen sogar selbstmörderisch sein, es wagt trotzdem keiner aus ihm auszubrechen, weil man zum systemkonformen Handeln scheinbar keine Alternative hat. Innerhalb der Konsumgesellschaft, die eben auf einem sich immer weiter steigernden Konsum aufbaut, kann deshalb die „Lösung" aller Probleme nur in mehr Konsum bestehen, alles andere würde das System in Frage stellen und damit für Chaos sorgen. Die Sünde, die Zerstörung der Schöpfung, generiert sich somit als Ordnungsmacht, als die einzige Möglichkeit, das Chaos zu vermeiden. Damit jedoch werden die Verhältnisse auf den Kopf gestellt, indem die Vernichtung als Erhaltung und das Chaos als Ordnung deklariert wird.

Es ist diese grundlegende Verdrehung, die das System der Konsumgesellschaft kennzeichnet. Hier wird Geld ausgeben zum „Sparen", die Vernichtung der Lebensgrundlagen gilt als „Wertschöpfung", die Verantwortungslosigkeit nennen wir „Freiheit". Den vollen

Regalen und Wohnungen entsprechen daher die leeren Köpfe und Herzen, dem äußeren Reichtum die innere Armut, der Enge in modernen Wohnblocks die fehlende Gemeinschaft.

Die Aufgabe eines Propheten oder einer prophetischen Gemeinschaft kann sich daher nicht darauf beschränken, auf diese Zusammenhänge hinzuweisen und die Konsequenzen einer solchen Lebensweise aufzuzeigen. Da kaum einer der Beteiligten außerhalb des Systems denkt, reicht es auch nicht, wenn wir nur innerhalb des Systems eine Nische einnehmen und Verzicht predigen. Vielmehr ist eine grundlegende Alternative gefragt. Wenn wir die Konsumgesellschaft überwinden wollen, müssen wir ihr deshalb ein anderes System entgegenstellen und auf diese Weise ihren Mitgliedern alternative Denk- und Handlungsmöglichkeiten bereitstellen.

Im Mittelpunkt müssen dabei die zentralen Fragen stehen, eben die nach Sinn und Werten, aber auch die nach dem Umgang mit Vergänglichkeit und Tod. Gerade weil die Konsumgesellschaft hierauf bestenfalls unzureichende, oft jedoch gar keine Antworten hat, lassen sich hier entsprechende Alternativen aufzeigen.

Wie so etwas geht, sehen wir wieder an den ersten Christen. In einer Gesellschaft, in der die durch Reichtum und Armut geprägten Statusunterschiede weit größer waren als bei uns heute, lebten sie in Gütergemeinschaft. Hierbei handelte es sich nicht nur um die Umsetzung der in Matthäus 19,21 überlieferten Anweisung Jesu an einen reichen jungen Mann, es war auch eine radikale Umwertung der gängigen Maßstäbe. Deutlicher kann man kaum zeigen, dass der eigentliche Wert nicht im Geldwert besteht. Man kann daher über das Modell von Apostelgeschichte 2,44f. sagen, was man will, es war ein prophetisches Zeichen, das eben deshalb durch die ganze Kirchengeschichte hindurch Gemeinschaften inspiriert hat. Die erste Gemeinde tat schließlich etwas, was ihre Zeitgenossen für unmöglich gehalten haben, indem sie alles teilte, was sie hatte. Damit war das Zeichen gesetzt und eine Alternative zum herrschenden Denken aufgezeigt. Seither kann Gütergemeinschaft also nicht mehr als „schöne, aber unrealistische Utopie“ oder „Träumerei von ein paar Weltfremden“ abgetan werden. Mit ihr wird vielmehr bis zum Ende der Zeiten eine herausfordernde Frage verbunden sein: Warum machen wir so etwas nicht?

Wenn wir vor diesem Hintergrund die ersten Gemeinden betrachten, entdecken wir noch weitere prophetische Zeichen, die ebenfalls eine neue Wertigkeit zum Ausdruck bringen. Denken wir nur an das bekannte Wort aus Galater 3,28:

> *„Hier ist nicht Jude noch Grieche, hier ist nicht Sklave noch Freier, hier ist nicht Mann noch Frau; denn ihr seid allesamt einer in Christus Jesus.“*

In diesem Vers haben wir es mit nicht weniger als einem grundlegenden Gegenentwurf zur antiken Gesellschaftsordnung zu tun, für die die hier genannten Unterscheidungen nicht nur unüberwindlich, sondern geradezu unaufgebbar waren. Das Judentum zog seine Identität ja vor allem aus seiner Abgrenzung vom Heidentum, ebenso unterschied sich ein Grieche nach seinem Selbstverständnis prinzipiell vom „Barbaren“ (von gr. *barbaros*, „Stotterer“, gemeint ist einer, der des Griechischen nicht mächtig ist). Die Wirtschaftsordnung baute auf der Trennung von Sklaven und Freien auf, die nicht nur die Arbeits-, Besitz- und Rechtsverhältnisse regelte, sondern so tief gehend war, dass die Philosophen darüber stritten, ob Sklaven überhaupt als Menschen anzusehen seien. Nicht minder deutlich war die Unterscheidung von Mann und Frau, die ebenso wie die zwischen Freien und Sklaven nicht nur den sozialen Bereich, sondern auch die Rechtsordnung durchzog.

All diese trennenden Unterscheidungen wurden innerhalb der Gemeinde in prophetischer Weise aufgehoben. Dass das nicht nur ein frommes Bild, sondern tägliche Realität war, sehen wir an den Briefen. Die paulinischen „Haustafeln“ (Epheser 5,21-6,9; Kolosser 3,18-4,1) etwa nehmen zwar die antike Gesellschaftsordnung auf, deuten sie jedoch von Christus her um. Aus einem System der hierarchischen Unterordnung wird eins, das von dienender Liebe geprägt ist, wobei vor allem die „oben“ in die Pflicht genommen werden. Hier haben wir es also mit der Umsetzung von Matthäus 20,26 im antiken Haus zu tun.

Gerade der Gemeinde in Kolossä liefert Paulus mit der Rücksendung des entlaufenen Sklaven Onesimus zudem einen „Testfall“, an dem sie zeigen kann und soll, wie ernst sie es mit der alternativen Gesellschaftsordnung meint. Nach römischem Recht konnte Philemon mit seinem Sklaven machen, was er wollte, aus Gründen der Abschreckung hätte er ihn sogar töten können. Paulus jedoch schickte Onesimus zu ihm zurück mit der Bitte, ihn als „treuen und lieben Bruder, der einer der Euren ist“ (Kolosser 4,9) wieder aufzunehmen, ja ihn so zu behandeln „wie [Paulus] selbst“ (Philemon 17). An ihm können Philemon und die Gemeinde damit die Ernsthaftigkeit ihrer Liebe unter Beweis stellen, „freiwillig“ (Philemon 14) und in dem Wissen, dass sie „mehr tun“ werden, als Paulus anordnet (Philemon 21). Was das gewesen ist, können wir nur ahnen. Altkirchliche Bischofslisten nennen jedenfalls einen Onesimus als späteren Gemeindeleiter. Deutlicher hätte man ein alternatives Wertesystem kaum zum Ausdruck bringen können.

Ähnliches kann man zum Verhältnis von Frauen und Männern in der Gemeinde ausführen. Es ist sicher kein Zufall, dass Frauen in Korinth ihre Kopfbedeckung während der Gottesdienste abgelegt und sich so in diesem Bereich den Männern gleichgestellt haben. Damit machten sie einen deutlichen Unterschied zwischen dem verschleierten Leben in der antiken Gesellschaft und dem unverschleierten in der Gemeinde – wenn auch einen, den Paulus vor allem mit Hinweis auf die „Sitte“ (1. Korinther 11,16) ablehnt, weil dieses Zeichen in einer Gesellschaft, in der ein unbedecktes Haupt bei Frauen als unehrenhaft galt, zu Missverständnissen führen konnte. Diese Grenzüberschreitung hatte jedoch ihren Ausgangspunkt in dem grundsätzlich anderen Verhältnis von Männern und Frauen in den ersten Gemeinden, in denen Frauen nicht nur beten und prophetisch reden durften (1. Korinther 11,5), sondern sogar als Diakonin Dienst taten und dabei auch mit der Übermittlung apostolischer Nachrichten betraut wurden (vgl. Römer 16,1).

Hinter dieser für die Antike grundlegend neuen Ordnung steht die auf Jesus zurückgehende Auffassung vom Christentum als einer neuen Familie, die zum Beispiel in der gegenseitigen Anrede als „Bruder“ und „Schwester“ ihren Ausdruck fand. Auch das ist eine fundamentale Umorientierung, denn damit ersetzte die Gemeinde die grundlegendste soziale Einheit der Antike. Die Familie war ja nicht nur ein soziales System, sondern auch eine Wirtschaftseinheit sowie die Kranken- und Rentenversicherung. Indem die ersten Gemeinden alle diese Bereiche nicht nur ausfüllten, sondern vom Glauben her besetzten, rüttelten sie also an der Grundlage der antiken Gesellschaftsordnung, die vom „Haus“ her aufgebaut war. Gleichzeitig zeigten sie ihren Mitbürgern damit in prophetischer Weise eine Lebensalternative auf, die auch ihnen zugänglich war. Statt sich über die eigene Familie in die heidnische Gesellschaftsordnung einzufügen, konnten sie zum von gegenseitiger Liebe geprägten „Haus Christi“ gehören.

Bei all dem handelt es sich um prophetische Zeichen, denn sie alle zeigen inmitten der irdischen Realitäten nicht nur neue Lebensmöglichkeiten auf, sie spiegeln auch die Wirklichkeit des Reiches Gottes wieder. Ja, man kann sogar darüber streiten, ob diese Zeichen mehr sind als eine bloße Widerspiegelung, denn schließlich haben sie im Laufe der Geschichte Realitäten geschaffen und die irdische Wirklichkeit damit grundlegend verändert.[41] Doch gleich wie man sie versteht, als prophetische Zeichen sind sie alle Hinweise auf die von Gott gestaltete Zukunft. Das Reich Gottes kommt und wirft in solchen Zeichen seine Schatten schon voraus.

* * *

Ein vom biblischen Christentum geprägter Lebensstil zeigt daher nicht nur Handlungsalternativen auf, sondern weist über sich hinaus auf die alles verwandelnde Wirklichkeit Gottes. Er ist damit nicht nur eine Erinnerung an die ursprüngliche, gute Schöpfungsordnung

41 So hat nicht nur die Abschaffung der Sklaverei, sondern auch die Idee von der Gleichheit von Mann und Frau sowie der Gedanke der Menschenrechte ihren Ursprung im von der christlichen Tradition geprägten Abendland, wenn sie nicht sogar von bekennenden Christen selbst ins Leben gerufen wurden (wie das am deutlichsten bei der Ächtung der Sklaverei der Fall gewesen ist). Diese Errungenschaften mussten (und müssen!) leider in der Regel freilich auch gegen die Beharrungskräfte innerhalb des Christentums selbst durchgesetzt werden.

(vgl. 1. Mose 1f.), sondern auch ein Wegweiser auf die Zukunft, die sich in dem Satz zeigt: „Nun ist das Reich Gottes zu euch gekommen!" Ein prophetischer Lebensstil knüpft also nicht nur an die alttestamentliche prophetische Verkündigung und die ersten Gemeinden an, sondern gerade an das Wirken Jesu, der in seiner Zuwendung zu den Armen und Ausgestoßenen, seinen Heilungen und Dämonenaustreibungen die zukünftige Wirklichkeit jetzt schon an Ansätzen sichtbar machte.

Wie Jesus selbst geht auch der prophetische Lebensstil ferner davon aus, dass die Welt durch Heiligkeit verändert wird. Propheten haben keine Berührungsängste mit der Unreinheit, denn gerade durch den Kontakt mit dem Heiligen wird das Unreine rein. Das gelingt freilich umso besser, je mehr das Heilige auch tatsächlich heilig, im Sinne von ausschließlich von Gott her bestimmt ist. Die Propheten des Alten Testaments sind in diesem Sinne „Männer Gottes", also Botschafter seines Reiches und Vertreter seiner Wirklichkeit inmitten der von ganz anderen Realitäten geprägten Welt. Ebenso sind die von Jesus herkommenden Gemeinden „Heilige" und „Leib Christi".

Prophetische Zeichen lassen sich freilich nicht kopieren, sondern nur weiterentwickeln. Darüber hinaus sind sie eine Inspiration, die uns nicht nur dabei hilft, das eigene Handeln kritisch zu reflektieren, sondern auch neue Wege einzuschlagen. Dennoch bleibt jede Generation aufgefordert, eigene Zeichen zu entwickeln, Zeichen, die nicht nur die Wirklichkeit des Reiches Gottes (sicher nur unvollkommen) abbilden, sondern auch der Welt eine Alternative aufzeigen.

Wir sollten diese Herausforderung nicht unterschätzen. Denn die große Gefahr, vor der die Kirche immer wieder steht und der sie als Konsumchristentum zu erliegen droht, ist die Verwechslung von grundlegender Andersartigkeit mit bloßem Anderssein. Wer nur anders sein will als die Welt endet mit dem Aufbau eines Paralleluniversums, in dem alles Säkulare auch noch einmal in „christlicher" Form existiert. Im Grund geht es dabei jedoch um die gleichen Maßstäbe, die anderswo auch gelten: Erfolg wird in Zahlen gemessen, Wertschätzung durch Geld ausgedrückt, es geht um Wachstum, Glück und Erfüllung im Sinne von materiellem Wohlstand. Dieses Paralleluniversum tritt nur scheinbar in Konkurrenz zur säkularen Welt, in Wirklichkeit ist es jedoch eine Unterform, eine Subkultur, eine „christliche" Nische im allgemeinen Getriebe.

Verlockend ist dieser Weg, weil seine Vorteile scheinbar auf der Hand liegen. Konsumorientierten Menschen müssen keine neuen Maßstäbe vermittelt, sondern nur neue Wege zur Erfüllung der alten Wünsche aufgezeigt werden. Indem sie am Marktgeschehen teilnimmt, ist der Platz der Gemeinde gleichzeitig gesichert, sie besetzt ein allgemein erkennbares Feld und kann darauf aufbauend an ihrem „Markenimage" arbeitet. Der Preis dafür ist jedoch hoch. Wie wir im Zusammenhang mit dem Konsumchristentum gesehen haben, ist diese Form des Andersseins nicht nur keine Hilfe für die Welt, die Identität des Christentums als Ganzes droht verloren zu gehen. Schließlich hat die Welt nichts weniger nötig als eine weitere Subkultur.

Als Gemeinde sind wir jedoch aufgerufen, andersartig zu sein. Im Hintergrund steht dabei ein anderes Verständnis des Lebens als es im säkularen Bereich vorherrscht und damit verbunden andere Maßstäbe für Erfolg und andere Wertzuweisungen. Jesus macht das mit seiner Rede von den „Schätzen im Himmel" bildhaft deutlich: Irdischer Reichtum verspricht zwar das Leben, ist aber vergänglich. Wer sein Geld behalten will, muss es daher paradoxerweise abgeben, denn nur die dadurch erworbenen „Schätze im Himmel" sind sicher (vgl. Matthäus 19,21; 6,19-21). Wenn wir das glauben, dann werden unsere Zeitgenossen uns anmerken, dass wir tatsächlich nach anderen Wertmaßstäben leben – ebenso, wie man auch einem in finanziellen Dingen bewanderten Menschen anmerkt, dass er seine Anlageformen gewissenhaft auswählt.

Damit wir als Kirche andersartig werden, muss also eine neue Wertzuweisung die Grundlage unseres Handelns bilden. In der Nachfolge unseres Herrn müssen wir als Gemeinschaft Priester und Opfer zugleich sein. Als Priester leben wir nicht nur inmitten der Welt das anbrechende Gottesreich, wir gehen vielmehr auch davon aus, dass die damit verbundene Heiligkeit alle Widerstände überwinden wird. Als Opfer leben wir ein Leben, das die Grundsätze des Reiches Gottes widerspiegelt, in dem nur wer hingibt, empfängt, in dem die Niedrigen erhöht und die Hohen erniedrigt werden, in dem das Schwache dem Starken vorgezogen wird.

Das größte prophetische Zeichen ist damit die Kirche selbst, die als Leib Christi eine heilige Gemeinschaft mitten in der Welt bildet, die allein von Gott her bestimmt wird. Sie lebt nicht, weil sie nimmt, sondern weil sie gibt. Tod und Vergänglichkeit überwindet sie daher nicht durch Konsum, sondern indem sie sich konsumieren lässt. Damit jedoch geht sie in prophetischer Weise der Welt voraus, die ebenfalls eines Tages konsumiert werden wird – nicht nur von Tod und Vergänglichkeit, sondern vor allem von Gottes Reich. Es gibt keine Hoffnung, die die Welt nötiger hätte als diese. Und es gibt keinen Weg, auf dem mehr Verheißungen Gottes liegen.

Anhang: Erste Schritte vom Haben zum Sein

Wie wir gesehen haben, ist Konsum ein komplexes Thema, denn als Konsumenten identifizieren und definieren wir uns durch das, was wir konsumieren. Entsprechend schwierig ist deshalb ein Umdenken, schließlich geht es in nicht wenigen Bereichen an die Substanz unserer Persönlichkeit. Gerade Menschen, die „radikal" sein wollen und diesbezüglich mit einer „Alles oder nichts"-Mentalität an die in diesem Buch aufgeworfenen Fragen herangehen, werden deshalb schnell frustriert sein, weil sich unser Lebensstil kaum von heute auf morgen ändern lässt. Das bedeutet freilich nicht, dass wir uns nicht auf den Weg machen können. Im Folgenden werden einige Schritte genannt, die uns helfen können, bewusster und weniger zu konsumieren und dabei unser Konsumverhalten kritisch zu überdenken.

Informieren

Der erste Schritt besteht darin, dass wir das Grunddilemma des Marktes soweit es geht überwinden: die mangelnde Information. In der Regel wissen wir ja nicht, unter welchen Bedingungen die von uns konsumierten Güter hergestellt und zu uns gebracht werden. Da wir kaum auf Anhieb die Strukturen unserer globalisierten Wirtschaft durchschauen können, müssen wir in einigen wenigen ausgewählten Bereichen beginnen und uns von dort aus langsam in andere vorarbeiten. Den Anfang könnten zum Beispiel die Kleidungsstücke eines von uns gern getragenen Labels machen, Lebensmittel, die wir in größeren Mengen verzehren, oder Produkte, die uns ungewöhnlich billig erscheinen. Ein nächster Schritt könnten andere Haushaltsgegenstände sein, dann Geldanlagen usw. Besonders vor größeren Anschaffungen lohnt es sich, entsprechende Informationen in die Überlegungen miteinzubeziehen.

Für die eigentliche Recherche benötigen wir zunächst einmal nur Zeit und einen Internetzugang. Es ist erstaunlich, was Suchmaschinen zu Tage fördern, wenn man den Namen eines Labels in Verbindung mit Stichworten wie „Umweltstandards", „Ausbeutung", „Kinderarbeit“ oder Ähnlichem eingibt. Dabei werden wir oft auf die Homepages von Umweltorganisationen, Gewerkschaften und kirchlichen Initiativen stoßen, über deren Links wir weiterrecherchieren können. Hilfreich sind auch Schriften wie zum Beispiel die in diesem Buch genannten Werke von Tanja Busse: *Die Einkaufsrevolution. Konsumenten entdecken ihre Macht*, München 2008, und Fred Grimm: *Shopping hilft die Welt verbessern. Der andere Einkaufsführer*, München 2008.

Sollte der Verdacht aufkommen, dass ein von uns konsumiertes Produkt unter problematischen Bedingungen hergestellt wird, lohnt es sich, vom Hersteller per Post oder E-Mail nähere Auskünfte etwa zu den Umwelt- und Sozialstandards einzufordern. Wichtig ist dabei auch die Frage, wie diese Standards überwacht werden. Damit erreichen wir zweierlei: Zum einen hilft es einem kritischen Konsumenten, wenn er weiß, ob sich eine Firma nur an die „im Herstellungsland üblichen Standards“ hält (die in manchen Regionen außerordentlich niedrig sind), eigene Maßstäbe formuliert oder sich gar der Überprüfung durch unabhängige Organisationen unterwirft (wer sich hinter den entsprechenden Organisationen verbirgt und was deren Zertifizierung wert ist, offenbart wiederum in der Regel eine Internetrecherche, hilfreich ist hier auch das Buch von Fred Grimm). Zum anderen wissen damit auch die Hersteller eines Produktes, dass sie es mit einem kritischen Konsumenten zu tun haben. Häufen sich solche Anfragen, werden sie ihre Geschäftspolitik entsprechend ändern, schließlich wollen sie ihren Marktanteil halten und ausbauen.

Mit all dem muss freilich eine Warnung verbunden werden: Als kritische Konsumenten sollten wir auch den im Internet und anderswo verbreiteten Informationen kritisch gegenüber stehen. Weil Wissen Macht ist, werden bewusst Fehlinformationen in die Welt gesetzt, mit denen ein wirtschaftlicher Konkurrent geschädigt werden soll. Zur kritischen Prüfung gehört deshalb ein Blick auf die Quelle der Information. Und dabei macht es einen gewaltigen Unterschied, ob zum Beispiel die Studie einer Umweltorganisation zitiert wird oder in einem unbekannten Blog schlichtweg pauschal Missstände angeprangert werden, deren Wahrheitsgehalt man nicht überprüfen kann. An Rufmordkampagnen wollen wir uns jedoch nicht beteiligen.

Nachhaltiger konsumieren

Auf Grundlage der von uns gesammelten Informationen können wir unseren Konsum nachhaltiger gestalten. Das Prinzip der Nachhaltigkeit beruht auf vier Säulen, die im Folgenden kurz angerissen werden:

Ökologisch

Bei der ökologischen Landwirtschaft, die die Grundlage von Bio-Lebensmitteln und Bio-Bekleidung darstellt, stand ursprünglich der Einklang mit der Natur im Mittelpunkt. Böden sollten auf eine Weise bewirtschaftet werden, die in dem Sinne nachhaltig ist, dass dabei die natürlichen Ressourcen nicht erschöpft werden. Mit diesem Gedanken war daher auch die artgerechte Tierhaltung und wenn möglich der Einsatz erneuerbarer Energien verbunden.

Durch den Bio-Boom der vergangenen Jahre hat sich der Fokus allerdings verschoben. Im Zentrum steht heute oft ausschließlich die Frage, ob die angebotenen Produkte frei von Rückständen chemischer Dünge- bzw. Pflanzenschutzmittel sind. Das kann zur Folge haben, dass manches Bio-Produkt in Wirklichkeit umweltschädlicher ist als ein vergleichbares konventionelles, etwa indem der Joghurt im Becher zwar schadstofffrei ist, seine Zutaten allerdings sehr viel weitere Transportwege hinter sich haben als bei einem vergleichbaren ohne Bio-Siegel. Rechnet man diese Strecken (die unter Umständen auch noch größtenteils per LKW zurückgelegt wurden) hinzu, fällt die Umweltbilanz entsprechend negativ aus.

Ein Blick auf die verschiedenen Lebensmittelsiegel hilft uns hier die biologische „Spreu" vom „Weizen" zu trennen. Nahezu jedes von ihnen lässt sich über eine Suchanfrage im Internet mit einer entsprechenden Homepage verbinden, auf der die Standards aufgelistet sind, die das damit ausgezeichnete Produkt erfüllen muss. Die große Anzahl der Siegel, die oft sogar nur bestimmte Lebensmittel wie Wein oder Milchprodukte zertifizieren, macht das bewusste Einkaufen allerdings auch wieder etwas mühsam. Aber mit der Zeit kennt man sich aus. Generell sind natürlich von unabhängigen „Watchdog"-Organisationen verliehene Siegel denen vorzuziehen, die ohne weitere Prüfung auf Antrag oder gar von einer Herstellervereinigung selbst verliehen werden. Auch hierzu geben die Homepages in der Regel Auskunft (wenn auch manchmal etwas versteckt).

Sozial

Gerade bei Produkten aus der sogenannten Zwei-Drittel-Welt (aber auch bei manchen deutschen Einzelhandelsketten) sind Informationen über die Sozialstandards unverzichtbar. Auch hier gibt es entsprechende Siegel, an denen man sich orientieren kann. Daneben helfen gezielte Suchanfragen im Internet oder Anfragen bei kirchlichen Entwicklungshilfeorganisationen bzw. Initiativen und Gewerkschaften.

Regional

Wer unnötige Transportwege vermeiden und die Erhaltung einheimischer Landwirtschaft fördern möchte (womit unter Umständen der Erhalt vom Aussterben bedrohter Nutztierrassen verbunden sein kann), sollte sich soweit es geht regional ernähren. Bei Produkten aus dem Supermarkt ist in dieser Hinsicht ein bewusster Einkauf schwierig bis unmöglich, denn auch ein Hersteller in der Nähe kann zum Beispiel seine Milch von weit weg beziehen oder seinen Produkten lange Vertriebswege zumuten (etwa indem sie über ein „Logistikzentrum" verteilt werden). Wenn möglich lohnt deshalb eher der Gang über einen Wochenmarkt, auf dem regionale Erzeugnisse angeboten werden, oder der Kontakt mit Bauern in der Nähe, die einen Hofladen betreiben.

Was für Lebensmittel gilt, gilt im Prinzip auch für Kleidung. Die Dominanz der Baumwolle ist nur durch den massiven Einsatz chemischer Mittel möglich, mit ihrer Verarbeitung sind zudem weite Transportwege verbunden. Als Alternative bietet sich neben der Bio-Baumwolle auch die früher in Mitteleuropa verbreitete Wolle an, beides ist allerdings oft mit Mehrkosten verbunden. Gerade bei Kleidung hält sich der Aufpreis in der Regel jedoch in engen Grenzen. Ökologisch und sozial korrekt hergestellte Kleidung kostet meist nicht mehr als die Produkte großer Modelabels, die einem ähnlichen Qualitätsanspruch unterliegen. Gespart wird hier nämlich nicht an der Umwelt und den Arbeitslöhnen, sondern am Werbeaufwand.

Säsonal

Nachhaltiger Konsum nimmt zuletzt die klimatischen Begebenheiten ernst. Wer Erdbeeren im Winter essen möchte, mutet der Umwelt nicht nur lange Transportwege zu, sondern unter Umständen auch mit fossiler Energie geheizte Treibhäuser. Besser ist es deshalb, die Früchte und Gemüsesorten zu verzehren, die in der Gegend gerade reif sind. Im Winter bedeutet das eine Durststrecke (und vielleicht das Wiederentdecken alter Kohl- und Steckrübenrezepte...), allerdings wird die Freude über bestimmte Nahrungsmittel umso größer, je weniger selbstverständlich sie sind. Auf andere – wie exotische Früchte – muss man dagegen oftmals ganz verzichten.

Alle vier Säulen lassen sich freilich bei den wenigsten Produkten gleichermaßen verwirklichen. Deshalb ist oft eine Abwägung nötig: Sollen wir lieber einen fernen ökologisch wirtschaftenden Großbetrieb oder einen regionalen konventionellen Kleinbauern unterstützen? Ist aufgrund der eingesetzten Rohstoffe und Transportwege bei manchen Produkten eher Konsumverzicht angebracht oder sollten wir durch unseren Kauf sozial abgesicherte Arbeitsplätze in armen Ländern fördern? Gerade bei Produkten wie Kaffee und Schokolade stellt sich diese Frage massiv (natürlich nur, wenn wir es mit fair gehandelter Ware zu tun haben, ansonsten wird beides oft unter unmenschlichen Bedingungen produziert). Manche Entscheidungen sind deshalb sicher schmerzhaft, weil zwei gute Ansätze einander ausschließen. Hier muss also eine Abwägung von Produkt zu Produkt getroffen werden. Gerade das hilft uns jedoch, bewusster zu konsumieren.

Mich selbst erkennen

Wer sich um nachhaltigen Konsum bemüht, wird also automatisch zur Selbstreflexion gezwungen. Angesichts der Tatsache, dass nahezu alles, was wir verbrauchen, nicht im eigentlichen Sinne lebensnotwendig ist, stellen sich die entsprechenden Fragen von ganz allein: Muss ich das wirklich haben? Was verbinde ich mit diesem Produkt bzw. seinem Kauf?

Hier muss jeder sein Maß finden, um zwischen Notwendigem, Nützlichem und Luxuriösem zu unterscheiden. Wenn wir nicht wie der antike Kyniker Diogenes in einer Tonne leben wollen, ist es ja durchaus erlaubt, sich hier und da etwas zu „gönnen". Allerdings bleibt uns die Frage nicht erspart, was das sein sollte (und angesichts der mit manchen Produkten *für andere* verbundenen Kosten sein darf) – und ob sich das gleiche Glücksempfinden nicht auch auf einem nicht- oder weniger konsumistischen Weg erreichen ließe.

Mit Statussymbolen sollten wir generell vorsichtig sein, denn erstens tun sie uns nicht gut (schließlich definieren wir uns darüber), zweitens sind sie oft mit einem größeren Ressourcenverbrauch verbunden als nötig ist. Hinzu kommt, dass sie eine Loyalität ausdrücken, die wir vermeiden wollen.

Unabhängig von all diesen Überlegungen lohnt sich ein Nachdenken darüber, was wir selber machen können. Reparieren, improvisieren, nachbessern und auch selber herstellen bringt uns nicht nur dem bisher weitgehend unbekannten Entstehungsprozess der von uns konsumierten Güter näher, es stärkt auch unser Selbstbewusstsein. Vergessen wir nicht: Die Werbung lebt davon, dass wir nicht wissen, wer wir sind. Das Selbermachen schafft dagegen Eigenes und ist ein natürlicher Schutz gegen die Verlockungen der Werbung.

Verzichten und abgeben

Maßnehmen und maßhalten gehen Hand in Hand. Die Selbstreflexion wird uns unweigerlich zum Verzicht führen. Denn bei nüchterner Betrachtung müssen wir uns eingestehen, dass wir nicht nachhaltig leben und gleichzeitig hemmungslos konsumieren können. Unsere Welt ist schließlich ein begrenzter Lebensraum, in dem der Überfluss des einen zwangsläufig mit dem Verzicht eines oder vieler anderer erkauft ist – wobei dieser Zusammenhang oft dadurch verschleiert wird, dass wir auf Kosten künftiger Generationen leben (etwa indem wir die natürlichen Lebensgrundlagen ausbeuten und zerstören). Oder um es auf eine sehr einfache Weise zu sagen: Was wir konsumieren, ist verbraucht. Und wenn es nicht auf natürliche Weise nachwachsen kann, steht es anderen jetzt und in Zukunft nicht mehr zur Verfügung.

Weil vor diesem Hintergrund unser Lebensstil alles andere als nachhaltig ist (stellen wir uns nur einmal vor, jeder Erdbewohner würde exakt so leben wie wir!), können wir unseren Wohlstand nicht nur nicht weiter ausdehnen, wir müssen in vielen Bereichen sogar ein deutlich niedrigeres Niveau anstreben. Mit anderen Worten, es geht um Verzicht, um das Unwort einer Gesellschaft, die sich in jedem Bereich durch das Mehr definiert. Auch uns wird daher der Verzicht nicht leicht fallen, schließlich kratzt er in nicht geringem Maß an unserem Selbstwertgefühl. Wer sind wir, wenn wir nicht mehr in den Urlaub fliegen? Das Auto meist stehen lassen oder gar abschaffen? Nicht mehr mit der Mode gehen? In eine kleinere Wohnung ziehen?

Den Verzichtsmöglichkeiten sind keine Grenzen gesetzt, im Gegenteil, je länger wir darüber nachdenken, desto mehr erkennen wir, wie sehr unser ganzes Lebensgefühl auf dem Immermehr des Konsums aufgebaut ist. Wer verzichtet, wird deshalb unweigerlich in eine Krise stürzen, denn mit einem Mal stellt sich nicht nur die Frage nach der eigenen Identität, in vielen Bereichen sind wir auch mit einer neuen Variante der Sinnfrage konfrontiert: Warum soll ich in einem ohnehin anstrengenden Beruf noch mehr leisten, wenn ich das damit verbundene Gehalt eigentlich nicht mehr brauche? Und was heißt das für Geldanlagen und Renditen bzw. die Schnäppchenjagd? Welche Ziele habe ich überhaupt in meinem Leben, die sich nicht unter der klassischen Konsumformel „größer, schneller, weiter" zusammenfassen lassen?

Doch nicht nur wegen der damit verbundenen geschärften Selbstwahrnehmung ist Verzicht notwendig. Mit ihm verkehren wir auch die Bewegung des Konsums in ihr Gegenteil. Bisher ist sie untrennbar mit Ausbeutung verbunden, denn in unserem globalisierten Markt geben weltweit die Armen den Reichen und leiden zudem überproportional unter den mit unserer Wirtschaftsordnung verbundenen Krisen und der Umweltzerstörung – eine Entwicklung, die sich auch auf nationaler Ebene beobachten lässt. Indem wir verzichten und abgeben, drehen wir diese Bewegung zumindest für einen Augenblick um. Wer hier einwendet, dass es sich um einen Tropfen auf den heißen Stein handelt, hat sicher recht, versteht aber den Weg Gottes nicht. Es geht um ein prophetisches Zeichen, um einen Hinweis darauf, wie die Welt eigentlich sein sollte: Die Starken sollen die Schwachen tragen, die Reichen die Armen unterstützen, nicht umgekehrt. Durch unser Geben machen wir also ein wenig das Reich Gottes sichtbar und zeigen damit, dass wir an seine Verwirklichung glauben.

Vom Individuum zur Gemeinschaft

Bisher haben wir uns vor allem mit der Frage beschäftigt, was wir als Einzelne tun können. In diesem Bereich können wir auch tatsächlich einige Schritte tun, allerdings werden wir unseren Überfluss damit nur begrenzt reduzieren können. Neben unserer Konsumhaltung ist ja auch unsere individualistische Grundeinstellung eine Ursache für die Wegwerfgesellschaft. Wir wohnen zwar in der Regel in größeren Ortschaften dicht nebeneinander, organisieren unseren Alltag aber so, als ob wir fern ab jeglicher Zivilisation in der Wildnis leben müssten. Jeder Haushalt besitzt deshalb alles, auch Dinge, die eher selten gebraucht werden. Für hundert Quadratmeter Garten schaffen wir alle Gartengeräte an, einen Rasenmäher und einen Gartenschlauch, im Nachbargarten der gleichen Größe findet sich alles noch einmal. Auf unseren Straßen parken unzählige Autos, die nur selten gefahren werden und eigentlich überflüssig wären, wenn man in der Nachbarschaft so etwas wie einen Carpool organisieren würde. Das gleiche gilt für Waschmaschinen, Trockner, Waffeleisen und vieles mehr.

Wenn wir an diesen Stellen zu schmerzlichen Schritten gegen unser individualistisches Selbstkonzept bereit sind, können wir also eine Menge Ressourcen einsparen und mindestens ebensoviel Müll vermeiden. Interessanterweise ist damit in der Regel noch nicht einmal ein Absinken des Lebensstandards verbunden. Wir verzichten ja nicht auf Auto, Waschmaschine oder Ähnliches, sondern nur darauf, so etwas allein zu besitzen. Die Einschränkung im Komfort besteht also nur darin, dass wir uns mit unseren Nachbarn absprechen müssen und uns zum Beispiel am Anfang der Woche überlegen müssen, wann wir das Auto zum Einkaufen brauchen.

Gleichzeitig sollte man den „geistlichen Gewinn“ solcher Aktionen nicht unterschätzen. Die Geschichte lehrt, dass Überfluss vereinsamt, Mangel dagegen in die Gemeinschaft führt. Nahezu jeder kennt Menschen, die von der guten Nachbarschaft und dem allgemeinen Zusammenhalt in Notzeiten schwärmen, sei es nun nach dem Krieg oder im Sozialismus. Warum das so ist, ist relativ einfach zu durchschauen: Wenn Menschen aufeinander angewiesen sind, haben sie mehr miteinander zu tun. Gegenseitige Hilfe wird selbstverständlich, und damit wächst auch das Vertrauen zueinander und die Offenheit. Wer Ressourcen gemeinsam nutzt, muss sich notwendigerweise treffen und absprechen, dabei ist jedoch in der Regel auch Raum für ein informelles Gespräch über das, was den anderen gerade beschäftigt.

Damit soll die Not freilich nicht verklärt werden. Denn die Tatsache, dass mit dem Ende der Not eine allgemeine Individualisierung und damit ein Auflösen der Gemeinschaft verbunden ist, zeigt eindrücklich, dass es sich bei der Mangelgemeinschaft nicht um ein großes gemeinsames Picknick handelt, sondern um etwas, das alle zu schmerzhaften Schritten zwingt. Einem solchen Schmerz werden wir jedoch kaum ausweichen können, wenn wir an echter Gemeinschaft interessiert sind und nicht nur am Zusammensein in der Freizeit und bei schönem Wetter.

Um sie zu erreichen, müssen wir allerdings nicht auf Notzeiten warten. Im Prinzip hindert uns ja nichts daran, bewusst eine Mangelsituation zu schaffen, indem wir etwa die Zahl der Autos innerhalb eines Kreises von Menschen begrenzen oder uns mit mehreren bestimmte Haushaltsgeräte teilen. Und wie bei einer guten Ehe werden wir bald entdecken, dass das Geheimnis gelingender Gemeinschaft darin besteht, dass man nicht nur die Schönwetterperioden miteinander genießt, sondern gerade den Mangel gemeinsam durchsteht.

Fragen an Gemeinden

Wie wir gesehen haben, ist das Nachdenken über materielle Angelegenheiten nicht nur ein guter Einstieg in die Problematik des Konsums, es führt uns auch automatisch in eine Neubesinnung bezüglich unserer Haltung gegenüber der Gemeinschaft. Ein individualistischer Ansatz greift deshalb zu kurz. Und damit müssen wir unsere Gemeinden in die Pflicht nehmen, die in vielen Bereichen unsere individualistische Konsumhaltung fördern und verstärken. Hierbei geht es nicht nur um eine verräterische Sprache (wie die häufige Rede von „Angeboten"), sondern ebenfalls um eine Grundhaltung.

Ein paar Denkanstöße können hilfreich sein, um diese Grundhaltung aufzuspüren:

- *Was macht eine gute Gemeinde aus?* Auch wenn auf diese Frage gern eine theologische Antwort gegeben wird, in der Praxis setzen doch viele Gemeindeglieder und Hauptamtliche eine gute Gemeinde mit einem guten Programm gleich. Je mehr jedoch „von vorne" veranstaltet wird, desto mehr wird auch die Konsummentalität gestärkt – besonders dann, wenn das „Programm" immer stärker „professionalisiert" wird, um mit anderen „Angeboten" „mithalten" zu können.
- *Woran messen wir den Erfolg unserer Arbeit?* Jesus hat in einigen Jahren Dienst nur zwölf Jünger um sich gesammelt, von denen ihn einer verriet und ein anderer verleugnete. Vielen unserer Gemeinden würde er sich damit als Hauptamtlicher kaum empfehlen. Gemeindewachstum verstehen wir in der Regel erst einmal als zahlenmäßiges Wachstum. Eine (zahlenmäßig) große Gemeinde ist damit besser als eine (zahlenmäßig) kleine, sie verfügt zudem dank eines (in Bezug auf Geldbeträge) größeren Budgets über mehr Ressourcen. Die Versuchung liegt daher nahe, Gemeinden insgeheim als Wirtschaftsbetriebe zu verstehen. Damit ist allerdings eine gewisse Verkaufsmentalität verbunden, die einen bestimmten Markt bedienen will. Wir sollten uns also nicht wundern, wenn wir es im Gemeindeleben dann tatsächlich mit Konsumenten zu tun haben.

- *Wen ehren und fördern wir?* „Seht doch, liebe Brüder, auf eure Berufung", schreibt der Apostel: „Nicht viele Weise nach dem Fleisch, nicht viele Mächtige, nicht viele Angesehene sind berufen. Sondern was töricht ist vor der Welt, das hat Gott erwählt, damit er die Weisen zuschanden mache; und was schwach ist vor der Welt, das hat Gott erwählt, damit er zuschanden mache, was stark ist; und das Geringe vor der Welt und das Verachtete hat Gott erwählt, das, was nichts ist, damit er zunichte mache, was etwas ist, damit sich kein Mensch vor Gott rühme" (1. Korinther 1,26-29). Ob Paulus das auch über unsere Gemeinden sagen würde? Es gibt zwar vielerorts einen gewissen Impuls „die Schwachen durchzutragen" (weswegen selbst dann nicht eingeschritten wird, wenn Menschen mit ihrer Aufgabe offensichtlich überfordert sind), die eigentlichen „Stars" der christlichen Szene sind jedoch andere Leute – nämlich Menschen, die auch im „weltlichen" Bereich etwas geworden wären. Gefeierte Pastoren sind nicht selten eigentlich nur gute Manager, Anbetungsleiter im Wesentlichen talentierte Musiker, angesehene Moderatoren vor allem begnadete Selbstdarsteller. Oder wir engagieren gleich Menschen, die es im nichtchristlichen Bereich sowieso schon zu etwas gebracht haben, um ihre Bekanntheit „für das Reich Gottes zu nutzen". Aber wen hätte Jesus gefördert? Wo sind die Menschen, die sich durch ihre Liebe empfehlen?
- *Wem dienen wir?* Mindestens ebenso heikel ist die Frage, was das eigentliche Motiv unserer Arbeit ist. Wollen wir in erster Linie den „Bestand sichern" und unseren „Marktanteil" steigern? Denken wir dabei vor allem im Horizont unserer Konfession, unseres Verbandes oder Werkes? Könnten wir Gott loben, wenn in einer Nachbargemeinde, die nicht zu unserer Organisation gehört, „Erweckung" ausbräche, bei uns dagegen nicht?
- *Was ist unser Ziel mit den Menschen?* Vielerorts hört man Klagen darüber, dass Gemeinden nur dann an den Menschen wirklich interessiert sind, wenn es sich um Mitarbeiter oder wenigstens um Veranstaltungsbesucher handelt. Damit jedoch gehen sie kaum anders mit ihnen um als Unternehmen mit ihren Kunden

und Angestellten – womit sich niemand zu wundern braucht, wenn die Gemeinde umgekehrt vor allem als Dienstleister und „Jobbörse" betrachtet wird. Ein besonders aufschlussreicher Indikator ist die Frage, wie wir auf Menschen reagieren, die unsere Gemeinde verlassen wollen. Wollen wir sie um jeden Preis halten oder steht ihre geistliche Entwicklung für uns im Vordergrund, zu der es eben auch gehören kann, dass Menschen aus einer bestimmten Frömmigkeitsrichtung oder Theologie „herauswachsen"?

Machen wir uns nichts vor: Gemeinden wird es nicht anders ergehen als einzelnen Menschen. Wenn sie sich aus dem „Massenmarkt" mit seinem Konsumdenken verabschieden, werden sie in vielerlei Hinsicht weniger attraktiv und damit kleiner, unbedeutender und ärmer. Prestigeträchtige Projekte werden sich nicht aufrechterhalten lassen, Kreise müssen eingestellt werden, Bauvorhaben auf Eis gelegt und bestehende Häuser unter Umständen verkauft werden. Wie bei den Einzelnen ist es ein Weg der konsequenten Selbstverarmung, wie bei den Einzelnen aber auch einer der Rückbesinnung auf das Wesentliche, das vom Konsum so überlagert worden ist, dass wir es nur noch mit Mühe erkennen können.

Einzelne wie Gemeinden können diesen Weg nicht allein gehen. Wie Suchtkranke brauchen wir Hilfe. Um wirklich aus der Konsumspirale aussteigen zu können, müssen wir uns voreinander öffnen, unsere Entscheidungen transparent machen und uns beraten lassen. Aber das ist kein Manko, im Gegenteil. Gemeinschaft ist schließlich nicht nur das Ziel, sondern auch der Weg. Und dieser Weg wird uns zu Schritten führen, die hier noch nicht einmal angerissen werden konnten.

Bibelstellenverzeichnis

Index

Mehr von Thomas Weißenborn
Eine Einführung in das Neue Testament

In welchem gesellschaftlichen, politischen und kulturellen Umfeld sind die Bücher des Neuen Testaments entstanden?
Wer waren die Autoren? Wann sind die einzelnen Berichte und Briefe geschrieben worden?
Buch für Buch führt Dr. Thomas Weißenborn durch das Neue Testament. Sein besonderes Plus: Er kommt ganz ohne das übliche „Fachchinesisch" aus, schreibt wissenschaftlich fundiert, spannend und informativ. Dabei scheut er sich nicht, unterschiedliche Theorien vorzustellen und auf die jeweiligen Thesen samt Antithesen einzugehen.
Über seine Schneisen werden Bibelleser, Hauskreisleiter, Studenten, Mitarbeiter in der Gemeinde – alle, die sich schnell und kompakt Wissen zum NT aneignen wollen – das Buch der Bücher leichter als bisher erobern.

Apostel, Lehrer und Propheten (1)
Evangelien und Apostelgeschichte
ISBN 978-3-86122-676-5
256 Seiten, Paperback

Apostel, Lehrer und Propheten (2)
Leben und Briefe des Apostels Paulus
ISBN 978-3-86122-710-6
288 Seiten, Paperback

Apostel, Lehrer und Propheten (3)
1. Petrusbrief bis Offenbarung
ISBN 978-3-86122-722-9
224 Seiten, Paperback

Das Geheimnis der Hoffnung
Einführung in den christlichen Glauben
ISBN 978-3-86827-046-4
480 Seiten, Paperback

Zu Beginn des 21. Jahrhunderts steht nicht nur der christliche Glaube vor neuen Herausforderungen. Auch das aufgeklärte Weltbild, in dessen Rahmen das Christentum im vergangenen Jahrhundert gelebt und verstanden wurde, ist im Zuge der Postmoderne in eine tiefe Krise geraten.
Thomas Weißenborn führt daher nicht nur in verständlicher Weise in die grundlegenden Themen des Glaubens ein, sondern zeigt auch auf, wie er von seinen ursprünglichen Wurzeln her erneuert werden kann.

„Ein erfrischender Einblick in Grundthemen des christlichen Glaubens, der biblisches Denken und neuzeitliches Fragen miteinander verbindet – und dabei auf der Landkarte altkirchlicher Dogmatik, reformatorischer Lehre und neuer evangelikaler Ansätze souverän eigene Wege wählt."
Guido Baltes

Tobias Faix / Thomas Weißenborn (Hrsg.)
ZeitGeist
Kultur und Evangelium in der Postmoderne
ISBN 978-3-86122-967-4
256 Seiten, Paperback

Die Welt ist anders geworden. Weniger rational. Emotionaler. Suchender. Traditioneller. Offener. Ein neues Zeitalter ist angebrochen und vieles verändert sich – auch unsere Gemeinden. Das bringt Unsicherheit mit sich. Die Postmoderne zwingt uns zu einem neuen Nachdenken über das, was wirklich trägt. Neue weltweite Entwicklungen, wie die Emerging Church-Bewegung, versuchen, in diesen Veränderungen Gemeinde neu zu leben. 24 Autorinnen und Autoren beschreiben aus unterschiedlichen Blickwinkeln, wie Christsein in unserem Kontext nicht nur möglich ist, sondern wie wir anfangen können, unsere Gesellschaft zu verändern. Im Zentrum steht dabei die Frage, wie der Geist und die Zeit zusammenzudenken sind. In vier Kapiteln werden diese Fragen aufgenommen, theoretisch durchdacht und praktisch reflektiert. Ein Buch, das die richtigen Fragen stellt, zum Mitdenken anregt und mit beispielhaften Initiativen und Projekten aus der Praxis inspiriert.

Die Autoren:
Christina Brudereck
Dr. Peter Aschoff
Gottfried „Gofi" Müller
Burkhard vom Schemm
Bettina Becker
Markus Lägel
uva.

Mit Statements von Thorsten Hebel, Christoph Waffenschmidt und Prof. Dr. Johannes Reimer.

Tobias Faix / Thomas Weißenborn (Hrsg.)
ZeitGeist 2
Postmoderne Heimatkunde
ISBN 978-3-86827-121-8
320 Seiten, Paperback

Heimat – über Jahrtausende war damit eine Konstante im Leben der Menschen verbunden. In den letzten Jahrzehnten hat sich das grundlegend verändert, nicht nur materiell, sondern auch im geistlichen Bereich. Heimat ist keine Selbstverständlichkeit mehr, sondern etwas Flüchtiges geworden, eine Durchgangsstation, kein Lebensgefühl.
Als „Postmoderne Heimatkunde" beschäftigt sich dieses Buch aus einer theologischen Perspektive damit, wie wir – in unserer sich stetig wandelnden Welt auf der Suche nach Heimat – gerade in der Veränderung bei Gott ein Zuhause finden können.

„Das Buch stellt zentrale Fragen zum Geist der Zeit: Steht er gegen den Geist Gottes? Wird er vom Evangelium beeinflusst, oder ist es eher umgekehrt? Inwieweit sind Kultur und Evangelium voneinander abhängig? Es wird ein Blick in die Bibel und auf die ersten Gemeinden geworfen und daraus eine Prognose erstellt, wie wir Wege zu einem neuen Denken finden können." Lydia Oeser, jesus.de